編者的話

　　「學科能力測驗」是「指定科目考試」的前哨站，雖然難度較指考低，但是考試內容以及成績，仍然非常具有參考價值，而且學測考得好的同學，還可以推甄入學的方式，比別人早一步進入理想的大學，提前放暑假。

　　為了協助考生以最有效率的方式準備大學入學考試，我們特別蒐集了九十六年度學測各科試題，做成「**96 年學科能力測驗各科試題詳解**」，書後並附有大考中心所公佈的各科選擇題參考答案，及國文、英文兩科非選擇題評分標準說明。另外，在英文科詳解後面，還附上了大考中心公佈的英文考科選文出處，讀者可利用空檔時間，上網瀏覽那些網站，增進自己的課外知識，並了解出題方向。

　　這本書的完成，要感謝各科名師全力協助解題：

　　　英文 / 陳威如老師・謝靜芳老師・蔡琇瑩老師
　　　　　　陳子璇老師・褚謙吉老師・林工富老師
　　　　　　石支齊老師・向　熙先生・高雅姿小姐
　　　　　　鍾莉菲小姐・王淑平小姐
　　　　　　美籍老師 Laura E. Stewart

　　　數學 / 李卓澔老師

　　　社會 / 李　曄老師・王念平老師・陳　陞老師

　　　國文 / 陳　興老師

　　　自然 / 張鎮麟老師・周偉勤老師・姜孟希老師
　　　　　　鄧　翔老師

　　本書編校製作過程嚴謹，但仍恐有缺失之處，尚祈各界先進不吝指正。

劉　毅

目　錄

九十六年大學入學學科能力測驗試題 英文考科

第壹部份：單一選擇題

一、詞彙（15%）

說明： 第1至15題，每題選出最適當的一個選項，標示在答案卡之「選擇題答案區」。每題答對得1分，答錯不倒扣。

1. The movie director adapted this year's bestseller into a hit and made a _____.
   (A) fortune   (B) request   (C) companion   (D) decision

2. Wang Chien-ming, the Yankees' best pitcher last year, already showed his great _____ for baseball when he was still a teenager.
   (A) response   (B) reluctance   (C) permission   (D) potential

3. Although Jeffery had to keep two part-time jobs to support his family, he never _____ his studies. In fact, he graduated with honors.
   (A) neglected   (B) segmented   (C) financed   (D) diminished

4. If it is too cold in this room, you can _____ the air conditioner to make yourself feel comfortable.
   (A) fasten   (B) adjust   (C) defeat   (D) upload

5. This course will provide students with a solid _____ for research. It is highly recommended for those who plan to go to graduate school.
   (A) admission   (B) circulation   (C) foundation   (D) extension

6. Peter is now living on a _____ of NT$100 per day. He cannot afford any recreational activities.
   (A) division   (B) guidance   (C) measure   (D) budget

7. Amy succeeded in _____ for a raise though her boss didn't agree to increase her salary at first.
   (A) compensating
   (B) negotiating
   (C) substituting
   (D) advertising

8. Ms. Li's business _____ very quickly. She opened her first store two years ago; now she has fifty stores all over the country.
   (A) discouraged
   (B) transferred
   (C) stretched
   (D) expanded

9. Ruth is a very _____ person. She cannot take any criticism and always finds excuses to justify herself.
   (A) shameful
   (B) innocent
   (C) defensive
   (D) outgoing

10. It's a pity that you have to leave so soon. I _____ hope that you will come back very soon.
   (A) sincerely
   (B) scarcely
   (C) reliably
   (D) obviously

11. We human beings may live without clothes, but food and air are _____ to our life.
   (A) magnificent
   (B) essential
   (C) influential
   (D) profitable

12. The manager _____ without hesitation after he had been offered a better job in another company.
   (A) retreated
   (B) revived
   (C) removed
   (D) resigned

13. Many important legal _____ concerning the tragic incident have now been preserved in the museum.
   (A) distributions
   (B) formations
   (C) documents
   (D) constructions

14. I'm not sure exactly how much scholarship you'll receive, but it will _____ cover your major expenses.
   (A) recently
   (B) roughly
   (C) frankly
   (D) variously

15. Tom was very ill a week ago, but now he looks healthy. We are
　　_____ by his quick recovery.
　　(A) amazed　　　(B) convinced　　　(C) advised　　　(D) confirmed

二、綜合測驗（15％）

說明： 第 16 至 30 題，每題一個空格，請依文意選出最適當的一個選項，標
　　　 示在答案卡之「選擇題答案區」。每題答對得 1 分，答錯不倒扣。

　　All dogs deserve to look and feel their best. After a spa treatment
at Happy Puppy, dogs come home ___16___ pampered and relaxed. At
Happy Puppy, your dog can enjoy a half day of care and then be taken
to the salon at naptime. Here all the dogs are given a bath using
professional shampoo and conditioners in a massaging tub. Their
relaxing bath will be ___17___ a full fluff dry and brush-out. When you
arrive for pick-up, your dog will be well-exercised and beautiful.

　　You can also bring your dog to Happy Puppy and wash it yourself.
We supply everything, ___18___ waist-high tubs, shampoo, and towels.
This service is available seven days a week during normal operating
hours.

　　___19___ Happy Puppy is a relatively new service, we benefit from
more than 20 years of experience in breeding and caring for dogs. We
are completely ___20___ to helping dogs enjoy a full and active life.
Our well-trained staff will provide the best possible service for you and
your dog.

16. (A) will feel　　　(B) to feel　　　(C) have felt　　　(D) feeling
17. (A) counted on　　(B) followed by　(C) turned into　　(D) started with
18. (A) concerning　　(B) showing　　　(C) including　　　(D) relating
19. (A) Although　　　(B) Because　　　(C) Once　　　　　(D) Until
20. (A) devoted　　　 (B) determined　　(C) delighted　　　(D) directed

　　India is shrinking. A new analysis of satellite-based data has given
precisely the rate ___21___ which the country is losing size as it pushes

northward against the Himalayas. According to the analysis, the ___22___ between India's southern and northern tips shrinks by 2 cm every year. As India's size decreases, the thickness of the Himalayas increases. ___23___ the shrinking continues, India will disappear in 200 million years. There would only be a vast mountain range along the southern coast of China.

The Indian plate's ___24___ movement is not new. However, this cannot be treated as a trivial finding in science. A movement of ___25___ a few millimeters (mm) of the earth's crust is a sign of possible earthquakes. Such dangers are now obvious in India, where the movement of the plate continues.

21. (A) by   (B) in   (C) of   (D) at
22. (A) height   (B) distance   (C) geography   (D) landscape
23. (A) If   (B) For   (C) Unless   (D) Though
24. (A) wayward   (B) downward   (C) northward   (D) outward
25. (A) yet   (B) even   (C) rather   (D) indeed

Whenever I set foot on the soil of Rwanda, a country in east-central Africa, I feel as if I have entered paradise: green hills, red earth, sparkling rivers and mountain lakes. Herds of goats and cows ___26___ enormous horns graze the lush green fields. Although located close to the equator, Rwanda's "thousand hills," ___27___ from 1,500 m to 2,500 m in height, ensure that the temperature is pleasant all year around. And being a tiny country, everything in Rwanda is ___28___ in a few hours and the interesting spots can be explored comfortably in a couple of weeks. But ___29___, Rwanda is a symbol of the triumph of the human spirit over evil. Though it was once known to the world for the 1994 tribal conflict that resulted in about one million deaths, Rwanda has ___30___ the mass killing. Now it is healing and prospering and greets visitors with open arms.

26. (A) into   (B) with   (C) for   (D) from

27. (A) differing   (B) wandering   (C) ranging   (D) climbing

28. (A) off the record   (B) beyond doubt   (C) in touch   (D) within reach

29. (A) worst of all   (B) for that matter   (C) above all   (D) at most

30. (A) survived   (B) transformed   (C) recovered   (D) endangered

三、文意選填 (10 %)

說明： 第 31 至 40 題，每題一個空格，請依文意在文章後所提供的 (A) 到(J)
選項中分別選出最適當者，並將其英文字母代號標示在答案卡之「選
擇題答案區」。每題答對得 1 分，答錯不倒扣。

    An old man who lived in a small side street of Mumbai had to put
up with the nuisance of boys playing cricket and making a lot of noise
outside his house, at night.

    One evening when the boys were particularly ___31___, he went out
to talk to them. He explained that he had just retired and was happiest
when he could see or hear boys playing his ___32___ game, cricket. He
would therefore give them 25 rupees each week to play in the street at
night. The boys were thrilled, for they could hardly believe that they
were being paid to do something they ___33___!

    At the end of the first two weeks, the boys came to the old man's
house, and went away ___34___ with their 25 rupees. The third week
when they came back, however, the old man said he had ___35___ money
and sent them away with only 15 rupees. The fourth week, the man said
he had not yet received his ___36___ from the government and gave them
only 10 rupees. The boys were very ___37___, but there was not much
they could do about it.

    At the end of the fifth week, the boys came back again and knocked
at the old man's house, waiting for their ___38___. Slowly, the door
opened and the old man appeared. He apologized that he could not

afford to pay them 25 rupees as he had ____39____, but said he would give them five rupees each week without fail.

This was really too much for the boys. "You expect us to play seven days a week for ____40____ five rupees!" they yelled. "No way!" They stormed away and never played on the street again.

(A) disappointed   (B) enjoyed   (C) favorite   (D) happily

(E) merely   (F) noisy   (G) paycheck   (H) promised

(I) reward   (J) run out of

四、閱讀測驗（32%）

說明： 第 41 至 56 題，每題請分別根據各篇文章之文意選出最適當的一個選項，標示在答案卡之「選擇題答案區」。每題答對得 2 分，答錯不倒扣。

41-44 為題組

Most American kids love Halloween treats, but a bucket of Halloween candy can be a dentist's nightmare. Some parents try to get rid of half of the candy after their children go to bed, but dentists say parents also need to separate the good kinds of treats from the bad.

It is not exactly what a child eats that truly matters, but how much time it stays in his mouth. According to pediatric dentist Dr. Kaneta Lott, the most damaging stuff is something that is sticky or very hard and thus stays in the mouth for a long time. This is because we all have bacteria in our mouths. When we eat, the bacteria take our food as their food and produce an acid that destroys the surface of the teeth, causing cavities to form. The longer the food stays in the mouth, the more likely cavities will develop. Therefore, potato chips are worse than candy because they get stuck between teeth. For the same reason, raisins and crackers are not the best choice. Hard candies take a long time to consume and are also a bad choice for Halloween treats.

If children really love candy, dentists recommend that they eat chocolate instead. Unlike hard candies, chocolate dissolves quickly in the mouth. Besides, chocolate contains tannins, which help to kill some of the bacteria in the mouth. But no matter what a child eats, brushing after each meal is still the best way to fight cavities.

41. What is the main purpose of this passage?
   (A) To discuss how cavities can be treated.
   (B) To point out the problems with Halloween celebrations.
   (C) To tell parents what sweets are less damaging to their children's teeth.
   (D) To teach parents the meaning of Halloween candies for their children.

42. Why are hard candies especially bad for teeth?
   (A) They may break the child's teeth.
   (B) They contain too much sugar.
   (C) They help bacteria to produce tannins.
   (D) They stay in the mouth for a long time.

43. According to the passage, which of the following is a better choice for Halloween treats?
   (A) Chocolate.   (B) Crackers.   (C) Raisins.   (D) Potato chips.

44. According to the passage, which of the following is true of tannins?
   (A) They are produced when the bacteria digest the food.
   (B) They help to get rid of some bacteria in the mouth.
   (C) They help chocolate to dissolve more quickly.
   (D) They destroy the surface of the teeth.

45-48 為題組

The largest television network in America is not ABC, CBS, or Fox. Nor is it one of the cable networks such as CNN, which carries only news and news stories. It is not ESPN, the all-sports cable network, or even MTV, which is famous for its music videos. Rather it is PBS, Public Broadcasting System, a non-profit public broadcasting TV service.

PBS has 349 member television stations in the U.S. and some member stations by cable in Canada.

PBS only attracts a minority of all TV viewers, about 2 percent. The industry leader, NBC, however, attracts 11 percent of viewers. But the growth of public television in the past two decades has been dramatic. This is especially noteworthy when one considers that public television stations must often survive on very limited budgets, on viewers' donations, and on private foundations and some governmental funding.

The level of quality of PBS programs, whether in national and international news, entertainment, or education, is excellent. Almost a whole generation of children throughout the world is familiar with Sesame Street and the characters of The Muppet Show. PBS is especially well known for the quality of its many educational TV programs. Over 95 percent of all public television stations have tele-courses. These courses are accepted and supported by more than 1,800 colleges and universities throughout the US. Each year, over a quarter of a million students take courses this way.

45. According to this article, PBS received part of its funding from _____.
   (A) private organizations   (B) public schools
   (C) advertising agencies   (D) other television stations

46. What is PBS most famous for?
   (A) Cable services.   (B) Generous donations.
   (C) Educational programs.   (D) Live news broadcasts.

47. Which of the following is true about public television stations?
   (A) The majority of their viewers are minority people.
   (B) Ninety-five percent of their programs are tele-courses.
   (C) They are shrinking in number because they make no profits.
   (D) Their courses are accepted by many universities in America.

48. Which of the following has the highest percentage of viewers?
  (A) ABC　　　　(B) PBS　　　　(C) NBC　　　　(D) Fox

49-52 為題組

　　Last week Jay McCarroll and The HSUS (The Humane Society of the United States) made a bold fur-free statement on the runway, marking **a new chapter** for the fashion industry and animal protection. The encouraging response to McCarroll's show confirmed that change is happening in fashion.

　　McCarroll has good reasons for rejecting fur. Each year, tens of millions of animals, including dogs and cats, needlessly suffer and die to fuel the fur industry. But what did Jay McCarroll use in place of fur? "I have patchwork pieces that contain all sorts of combinations of fabrics. The rest is cotton, nylon, polyester...you name it. I even have some stuff made out of bamboo/cotton blend. Anything but fur and leather," he told *Fashion Wire Daily*.

　　"So many people want to protect animals and live their lives without causing unnecessary cruelty. More than two thirds of Americans have pets, and we share a bond with animals every day. Saying no to fur can help millions of animals, and we want to show our respect to leading designers like Jay who embrace compassion as the fashion," said Michael Markarian, executive vice president of The HSUS. "It is great to see leaders in the fashion industry recognizing that the animals need their fur more than we do."

49. Which of the following is true about Jay McCarroll?
  (A) He is a famous fashion designer.
  (B) He is the executive vice president of the HSUS.
  (C) He is an editor of *Fashion Wire Daily*.
  (D) He is the head of an animal protection organization.

50. What does "**a new chapter**" in line 3, paragraph 1 mean?
    (A) A new unit of a book.
    (B) The beginning of a new trend.
    (C) The latest issue of a magazine.
    (D) A newly established organization.

51. Which of the following is NOT recommended for clothing by Jay McCarroll?
    (A) Polyester.   (B) Bamboo.   (C) Leather.   (D) Patchwork pieces.

52. What do we learn from this passage?
    (A) Human beings depend emotionally on animals.
    (B) Fashion can go hand in hand with compassion for life.
    (C) Fur is more effective than bamboo/cotton blend for clothing.
    (D) Fur is more expensive than other materials for fashion designers.

53-56 為題組

Twenty years ago, most experts believed that differences in how boys and girls behaved were mainly due to differences in how they were treated by their parents, teachers, and friends. It's hard to **cling to** that belief today. Recent research has shown that there are biological differences between boys and girls. Understanding these differences is important in raising and educating children.

For example, girls are born with more sensitive hearing than boys, and the difference increases as kids grow up. So when a grown man speaks to a girl in what he thinks is a normal voice, she may hear it as yelling. Conversely, boys who appear to be inattentive in class may just be sitting too far away to hear the teacher.

Likewise, girls are better in their expression of feelings. Studies reveal that negative emotions are seated in an area of the brain called the amygdala. Girls develop an early connection between this area and the cerebral cortex, enabling them to talk about their feelings. In boys these links develop later. So if you ask a troubled adolescent boy to tell you what his feelings are, he often cannot say much.

Dr. Sax, a proponent of single-sex education, points out that keeping boys and girls separate in the classroom has yielded striking educational, social, and interpersonal benefits. Therefore, parents and teachers should try to recognize, understand, and make use of the biological differences that make a girl a girl, and a boy a boy.

53. What is the main idea of the passage?
    (A) Boys tend to pay less attention in class than girls.
    (B) Girls are better than boys in their ability to detect sounds.
    (C) Boys and girls behave differently because of biological differences.
    (D) Single-sex schools are not good because they keep boys and girls separate.

54. Why do girls express negative feelings better than boys?
    (A) Girls are more emotional than boys.
    (B) Girls have more brain cells than boys.
    (C) The amygdala is located in different areas of the brain for boys and girls.
    (D) The links between certain parts of the brain develop earlier in girls than in boys.

55. Which of the following does the author believe?
    (A) Girls need more training in communication.
    (B) Boys and girls should be educated in different ways.
    (C) Parents should pay more attention to boys.
    (D) Sex differences should be ignored in education.

56. What does the phrase "**cling to**" in the first paragraph mean?
    (A) maintain   (B) abandon   (C) evaluate   (D) challenge

第貳部份：非選擇題

一、翻譯題（8%）

說明： 1. 請將以下兩個中文句子譯成正確、通順、達意的英文，並將答案寫在「答案卷」上。
　　　 2. 請依序作答，並標明題號。每題 4 分，共 8 分。

1. 如果我們只為自己而活，就不會真正地感到快樂。
2. 當我們開始為他人著想，快樂之門自然會開啟。

二、英文作文（20%）

說明： 1. 依提示在「答案卷」上寫一篇英文作文。
　　　 2. 文長 100 個單詞（words）左右。

提示： 請以下面編號 1 至 4 的四張圖畫內容為藍本，依序寫一篇文章，描述女孩與貓之間的故事。你也可以發揮想像力，自己選定一個順序，編寫故事。請注意，故事內容務必涵蓋四張圖意，力求情節完整、前後發展合理。

96年度學科能力測驗英文科試題詳解

第壹部分：單選題

一、詞彙：

1. (**A**) The movie director adapted this year's bestseller into a hit and made a <u>fortune</u>. 這位電影導演將今年的暢銷書，改編成一部成功的電影，賺了一<u>大筆錢</u>。

   (A) *fortune*〔'fɔrtʃən〕*n.* 財富
   (B) request〔rɪ'kwɛst〕*n.* 請求
   (C) companion〔kəm'pænjən〕*n.* 同伴
   (D) decision〔dɪ'sɪʒən〕*n.* 決定

   director〔də'rɛktɚ〕*n.* 導演
   adapt〔ə'dæpt〕*v.* 改編

> *adapt sth. into* a hit（將某物改編成作品）是 turn *sth.* into a hit（使某物變成暢銷作品）的變體。

   bestseller〔'bɛst'sɛlɚ〕*n.* 暢銷書
   hit〔hɪt〕*n.* 成功的作品【hit 的主要意思是「打擊」】
   make a fortune 賺一大筆錢

2. (**D**) Wang Chien-ming, the Yankees' best pitcher last year, already showed his great <u>potential</u> for baseball when he was still a teenager. 洋基隊去年的最佳投手王建民，在他十幾歲的時候，就已經表現出在棒球方面很有<u>潛力</u>。

   (A) response〔rɪ'spɑns〕*n.* 反應
   (B) reluctance〔rɪ'lʌktəns〕*n.* 不情願
   (C) permission〔pɚ'mɪʃən〕*n.* 許可
   (D) *potential*〔pə'tɛnʃəl〕*n.* 潛力

   Yankees〔'jæŋkɪz〕*n.* 洋基隊   pitcher〔'pɪtʃɚ〕*n.* 投手
   show〔ʃo〕*v.* 表現   teenager〔'tin,edʒɚ〕*n.* 十幾歲的小孩

3. (**A**) Although Jeffery had to keep two part-time jobs to support his family, he never <u>neglected</u> his studies. In fact, he graduated with honors.

雖然傑佛瑞必須兼兩份差來養家，但他從未<u>疏忽</u>學業。事實上，他還以優等成績畢業了。

(A) *neglect* ﹝nɪˈɡlɛkt﹞ *v.* 疏忽　　(B) segment ﹝ˈsɛɡmənt﹞ *v.* 分開
(C) finance ﹝fəˈnæns﹞ *v.* 資助　　(D) diminish ﹝dəˈmɪnɪʃ﹞ *v.* 減少

although ﹝ɔlˈðo﹞ *conj.* 雖然　　keep ﹝kip﹞ *v.* 保有
part-time ﹝ˈpɑrtˈtaɪm﹞ *adj.* 兼職的
support ﹝səˈport﹞ *v.* 供養
study ﹝ˈstʌdɪ﹞ *n.* 學業　　*in fact* 事實上
graduate with honors 以優等成績畢業

4. (**B**) If it is too cold in this room, you can <u>adjust</u> the air conditioner to make yourself feel comfortable.

如果房間裡面太冷，你可以<u>調整</u>冷氣機，讓你自己覺得舒適。

(A) fasten ﹝ˈfæsn̩﹞ *v.* 綁緊　　　(B) *adjust* ﹝əˈdʒʌst﹞ *v.* 調整
(C) defeat ﹝dɪˈfit﹞ *v.* 打敗　　　(D) upload ﹝ʌpˈlod﹞ *v.* 上傳

air conditioner 冷氣機
comfortable ﹝ˈkʌmfətəbl̩﹞ *adj.* 舒適的

5. (**C**) This course will provide students with a solid <u>foundation</u> for research. It is highly recommended for those who plan to go to graduate school.

這個課程會提供學生研究方面的穩固<u>基礎</u>。非常推薦給那些計畫要唸研究所的學生。

(A) admission ﹝ədˈmɪʃən﹞ *n.* 入學
(B) circulation ﹝ˌsɝkjəˈleʃən﹞ *n.* 循環
(C) *foundation* ﹝faʊnˈdeʃən﹞ *n.* 基礎
(D) extension ﹝ɪkˈstɛnʃən﹞ *n.* 延長

course ﹝kors﹞ *n.* 課程　　　provide ﹝prəˈvaɪd﹞ *v.* 提供
solid ﹝ˈsɑlɪd﹞ *adj.* 穩固的　　research ﹝rɪˈsɝtʃ﹞ *n.* 研究
highly ﹝ˈhaɪlɪ﹞ *adv.* 非常　　recommend ﹝ˌrɛkəˈmɛnd﹞ *v.* 推薦
graduate school 研究所

6. (**D**) Peter is now living on a <u>budget</u> of NT$100 per day.　He cannot afford any recreational activities.

彼特現在每天靠著一百塊的<u>生活費</u>過活。他負擔不起任何娛樂活動的費用。

 (A) division〔dəˈvɪʒən〕*n.* 劃分

 (B) guidance〔ˈgaɪdn̩s〕*n.* 指示

 (C) measure〔ˈmɛʒɚ〕*n.* 測量　　(D) ***budget***〔ˈbʌdʒɪt〕*n.* 生活費

 live on 靠⋯過活　　per〔pɚ〕*prep.* 每

 afford〔əˈford〕*v.* 負擔得起　　recreational〔͵rɛkrɪˈeʃən̩〕*adj.* 娛樂的

7. (**B**) Amy succeeded in <u>negotiating</u> for a raise though her boss didn't agree to increase her salary at first.

雖然愛咪的老闆一開始不同意幫她加薪，但她最後還是<u>談判</u>成功了。

 (A) compensate〔ˈkɑmpən͵set〕*v.* 賠償

 (B) ***negotiate***〔nɪˈgoʃɪ͵et〕*v.* 談判

 (C) substitute〔ˈsʌbstə͵tjut〕*v.* 替換

 (D) advertise〔ˈædvɚ͵taɪz〕*v.* 登廣告

 succeed〔səkˈsid〕*v.* 成功　　raise〔rez〕*n.* 增加（薪水）

 though〔ðo〕*conj.* 雖然　　boss〔bɔs〕*n.* 老闆

 agree〔əˈgri〕*v.* 同意　　increase〔ɪnˈkris〕*v.* 增加

 salary〔ˈsælərɪ〕*n.* 薪水　　***at first*** 最初；一開始

8. (**D**) Ms. Li's business <u>expanded</u> very quickly.　She opened her first store two years ago; now she has fifty stores all over the country.

李小姐的事業<u>擴張</u>得非常迅速。她兩年前開了第一間店；現在她在全國有五十間店。

 (A) discourage〔dɪsˈkɝɪdʒ〕*v.* 使沮喪

 (B) transfer〔trænsˈfɝ〕*v.* 轉移　　(C) stretch〔strɛtʃ〕*v.* 延伸

 (D) ***expand***〔ɪkˈspænd〕*v.* 擴張

 business〔ˈbɪznɪs〕*n.* 事業　　quickly〔ˈkwɪklɪ〕*adv.* 迅速地

 open〔ˈopən〕*v.* 使開張　　***all over the country*** 全國

9. (**C**) Ruth is a very <u>defensive</u> person. She cannot take any criticism and always finds excuses to justify herself.

露絲是個<u>防衛心很重的</u>人。她無法接受任何批評,而且總是找理由為她自己辯護。

(A) shameful〔ˈʃemfəl〕*adj.* 可恥的

(B) innocent〔ˈɪnəsṇt〕*adj.* 清白的

(C) ***defensive***〔dɪˈfɛnsɪv〕*adj.* 自我防禦心理的

(D) outgoing〔ˈaʊtˌgoɪŋ〕*adj.* 外向的

criticism〔ˈkrɪtəˌsɪzəm〕*n.* 批評　　excuse〔ɪkˈskjus〕*n.* 理由

justify〔ˈdʒʌstəˌfaɪ〕*v.* 為…辯護

10. (**A**) It's a pity that you have to leave so soon. I <u>sincerely</u> hope that you will come back very soon.

可惜你這麼快就要離開。我<u>衷心地</u>希望你很快就能回來。

(A) ***sincerely***〔sɪnˈsɪrlɪ〕*adv.* 衷心地

(B) scarcely〔ˈskɛrslɪ〕*adv.* 幾乎不

(C) reliably〔rɪˈlaɪəblɪ〕*adv.* 可靠地

(D) obviously〔ˈɑbvɪəslɪ〕*adv.* 顯然地

pity〔ˈpɪtɪ〕*n.* 可惜的事

11. (**B**) We human beings may live without clothes, but food and air are <u>essential</u> to our life.

我們人類生存也許可以沒有衣服,但對我們的生活而言,食物和空氣卻是<u>非常重要的</u>。

(A) magnificent〔mægˈnɪfəsṇt〕*adj.* 雄偉的

(B) ***essential***〔əˈsɛnʃəl〕*adj.* 非常重要的

(C) influential〔ˌɪnfluˈɛnʃəl〕*adj.* 有影響力的

(D) profitable〔ˈprɑfɪtəbḷ〕*adj.* 有利的

human being 人類　　clothes〔kloðz〕*n. pl.* 衣服

12. (**D**) The manager <u>resigned</u> without hesitation after he had been offered a better job in another company.

當另一家公司提供更好的職位給這位經理之後,他毫不猶豫地<u>辭職</u>。

(A) retreat〔rɪ'trit〕*v.* 撤退　　(B) revive〔rɪ'vaɪv〕*v.* 復活
(C) remove〔rɪ'muv〕*v.* 移除　　(D) *resign*〔rɪ'zaɪn〕*v.* 辭職
manager〔'mænɪdʒɚ〕*n.* 經理
hesitation〔ˌhɛzə'teʃən〕*n.* 猶豫
without hesitation 毫不猶豫地　　offer〔'ɔfɚ〕*v.* 提供

13. (**C**) Many important legal <u>documents</u> concerning the tragic incident
have now been preserved in the museum.
許多和這件悲劇有關的重要法律<u>文件</u>，現在都被保存在博物館裡。
(A) distribution〔ˌdɪstrə'bjuʃən〕*n.* 分配
(B) formation〔fɔr'meʃən〕*n.* 形成
(C) *document*〔'dɑkjəmənt〕*n.* 文件
(D) construction〔kən'strʌkʃən〕*n.* 建築物

legal〔'ligl̩〕*adj.* 法律的
concerning〔kən'sɝnɪŋ〕*prep.* 關於（ = *about*)
tragic〔'trædʒɪk〕*adj.* 悲劇的　　incident〔'ɪnsədənt〕*n.* 事件
preserve〔prɪ'zɝv〕*v.* 保存　　museum〔mju'ziəm〕*n.* 博物館

14. (**B**) I'm not sure exactly how much scholarship you'll receive, but it
will <u>roughly</u> cover your major expenses.
我並不是很確定你會得到多少獎學金，但<u>大約</u>夠用來付你主要的支出。
(A) recently〔'risn̩tlɪ〕*adv.* 最近　　(B) *roughly*〔'rʌflɪ〕*adv.* 大約
(C) frankly〔'fræŋklɪ〕*adv.* 坦白地
(D) variously〔'vɛrɪəslɪ〕*adv.* 各式各樣地

not exactly 並不；並沒有　　scholarship〔'skɑlɚˌʃɪp〕*n.* 獎學金
receive〔rɪ'siv〕*v.* 得到　　cover〔'kʌvɚ〕*v.* 夠付
major〔'medʒɚ〕*adj.* 主要的　　expense〔ɪk'spɛns〕*n.* 費用；開支

15. (**A**) Tom was very ill a week ago, but now he looks healthy. We are
<u>amazed</u> by his quick recovery.
湯姆一個星期前還病得很重，但是現在看起來很健康。他的迅速康復
<u>使</u>我們感到<u>驚訝</u>。
(A) *amaze*〔ə'mez〕*v.* 使驚訝　　(B) convince〔kən'vɪns〕*v.* 使相信
(C) advise〔əd'vaɪz〕*v.* 建議　　(D) confirm〔kən'fɝm〕*v.* 證實
ill〔ɪl〕*adj.* 生病的　　recovery〔rɪ'kʌvərɪ〕*n.* 康復

二、綜合測驗：

All dogs deserve to look and feel their best. After a spa treatment at Happy Puppy, dogs come home <u>feeling</u> pampered and relaxed. At Happy
16

Puppy, your dog can enjoy a half day of care and then be taken to the salon at naptime. Here all the dogs are given a bath using professional shampoo and conditioners in a massaging tub. Their relaxing bath will be <u>followed by</u> a
17

full fluff dry and brush-out. When you arrive for pick-up, your dog will be well-exercised and beautiful.

所有的狗都應該擁有最佳的外貌以及感受。經過 Happy Puppy 的溫泉療程後，小狗能帶著被寵愛以及放鬆的心情回家。在 Happy Puppy，你的小狗可以享受半天的照顧，接著在午睡時間被帶去美容沙龍。在這裡，我們會在按摩浴缸裡，用專業的洗髮精和潤髮乳，來幫所有小狗洗澡。在輕鬆的沐浴之後，我們會把小狗的毛吹蓬吹乾，然後再加以梳理。當你到這裡接小狗時，你的小狗會是充分運動過，而且美麗的。

deserve〔dɪˈzɝv〕*v.* 應得　　spa〔spɑ〕*n.* 溫泉；水療
treatment〔ˈtritmənt〕*n.* 治療；療程
pampered〔ˈpæmpəd〕*adj.* 嬌寵的；滿足的
salon〔səˈlɑn〕*n.* 美容美髮沙龍
naptime〔ˈnæptaɪm〕*n.* 午睡時間；休息時間
professional〔prəˈfɛʃənḷ〕*adj.* 專業的；一流的
shampoo〔ʃæmˈpu〕*n.* 洗髮精　　conditioner〔kənˈdɪʃənə〕*n.* 潤髮乳
massage〔məˈsɑʒ〕*n.* 按摩　　tub〔tʌb〕*n.* 浴缸
massaging tub 按摩浴缸　　fluff〔flʌf〕*n.* 蓬鬆毛
dry〔draɪ〕*n.* 乾燥　　brush〔brʌʃ〕*n.* 用刷子的拂拭
brush-out 用刷狗毛的刷子刷過；梳理
pick-up 接送　　***well-exercised*** 運動後精神飽滿的

16. (**D**) 前面已有主要動詞 come，且空格前並無連接詞，故須用現在分詞，選
　　　　(D) *feeling*。

17. (**B**) 依句意，選 (B) *be followed by*「接著就是」。而 (A) count on「依賴」，
　　　　(C) be turned into「被轉變成」，(D) start with「以⋯開始」，均不合
　　　　句意。

You can also bring your dog to Happy Puppy and wash it yourself. We supply everything, <u>including</u> waist-high tubs, shampoo, and towels. This
18
service is available seven days a week during normal operating hours.

　　你也可以把你的小狗帶來 Happy Puppy，然後自己幫牠洗澡。我們提供一切用品，包括高度及腰的浴缸、洗髮精，以及毛巾。在正常營業時間內，一週七天皆可使用這項服務。

> supply〔səˈplaɪ〕*v.* 提供　　waist〔west〕*n.* 腰
> ***waist-high tub*** 高度及腰的浴缸　　towel〔ˈtauəl〕*n.* 毛巾
> available〔əˈveləbḷ〕*adj.* 可利用的　　normal〔ˈnɔrmḷ〕*adj.* 正常的
> ***operating hours*** 營業時間

18. (**C**) 依句意，選 (C) ***including***〔ɪnˈkludɪŋ〕*prep.* 包括。而 (A) concerning〔kənˈsɜnɪŋ〕*prep.* 關於，(B) show〔ʃo〕*v.* 顯示，(D) relate〔rɪˈlet〕*v.* 使有關聯，均不合句意。

<u>Although</u> Happy Puppy is a relatively new service, we benefit from
19
more than 20 years of experience in breeding and caring for dogs. We are completely <u>devoted</u> to helping dogs enjoy a full and active life. Our
20
well-trained staff will provide the best possible service for you and your dog.

　　雖然 Happy Puppy 是很新的服務，但是我們從二十多年的養育以及照顧小狗的經驗中獲得許多好處。我們全心致力於幫助小狗過著圓滿而活躍的生活。我們訓練有素的員工，將會為您與您的愛狗提供最棒的服務。

> relatively〔ˈrɛlətɪvlɪ〕*adv.* 相當
> ***benefit from*** 自…中獲益　　breeding〔ˈbridɪŋ〕*n.* 養育；配種
> completely〔kəmˈplitlɪ〕*adv.* 完全地
> active〔ˈæktɪv〕*adj.* 活躍的　　***well-trained*** 訓練有素的
> staff〔stæf〕*n.* 全體工作人員
> possible〔ˈpɑsəbḷ〕*adj.* 可能限度的；盡可能的

19. (**A**) 依句意，選 (A) ***Although***「雖然」。而 (B) 因為，(C) 一旦，(D) 直到，不合句意。

20.（**A**）依句意，選 (A) *be devoted to +V-ing*「致力於…」。
而 (B) be determined to V.「決心…；決定…」，(C) be delighted
to V.「很高興能…」，(D) be directed to + N.「針對…；把注意力
集中在…」，用法與句意均不合。

India is shrinking. A new analysis of satellite-based data has given
precisely the rate <u>at</u> which the country is losing size as it pushes northward
　　　　　　　　　21
against the Himalayas. According to the analysis, the <u>distance</u> between
　　　　　　　　　　　　　　　　　　　　　　　　22
India's southern and northern tips shrinks by 2 cm every year.
　　印度正在逐漸縮小中。一項新的衛星資料分析，已經精確地得知，當印度
向北推擠喜馬拉雅山脈時，其縮小的速度。根據這項分析，印度南北端的距離，
每年縮短兩公分。

　　India〔'ɪndɪə〕*n.* 印度　　shrink〔ʃrɪŋk〕*v.* 縮小
　　analysis〔ə'næləsɪs〕*n.* 分析　　satellite〔'sætḷˌaɪt〕*n.*（人造）衛星
　　base〔bes〕*v.* 以…爲根據；以…爲基礎　　data〔'detə〕*n. pl.* 資料
　　give〔gɪv〕*v.*（計算、分析等）產生…結果
　　precisely〔prɪ'saɪslɪ〕*adv.* 正確地；準確地　　lose〔luz〕*v.* 減少
　　size〔saɪz〕*n.* 大小；尺寸　　***push against*** 推
　　northward〔'nɔrθwəd〕*adv.* 向北；朝北
　　the Himalayas〔ðə hɪ'mɑljəz〕*n.* 喜馬拉雅山脈
　　southern〔'sʌðən〕*adj.* 南方的　　northern〔'nɔrðən〕*adj.* 北方的
　　tip〔tɪp〕*n.* 尖端　　by 表「差距」。

21.（**D**）表示「以…速度」，介系詞用 *at*，選 (D)。

22.（**B**）印度南北端的「距離」，每年縮短兩公分，選 (B) ***distance***〔'dɪstəns〕*n.*
距離。而 (A) height〔haɪt〕*n.* 高度，(C) geography〔dʒi'ɑgrəfɪ〕*n.*
地理；地形，(D) landscape〔'lændˌskep〕*n.* 風景，均不合句意。

As India's size decreases, the thickness of the Himalayas increases. <u>If</u> the
　　　　　　　　　　　　　　　　　　　　　　　　　　　　　23
shrinking continues, India will disappear in 200 million years. There would
only be a vast mountain range along the southern coast of China.

當印度的面積縮小時，喜馬拉雅山脈的厚度就增加了。如果縮小的情況一直持續，那麼再過兩億年，印度就會消失。在中國南方沿岸，就會只有龐大的山脈。

decrease〔dɪˈkris〕*v.* 減少

thickness〔ˈθɪknɪs〕*n.* 厚度；密度【在此指山脈的高度】

increase〔ɪnˈkris〕*v.* 增加　　　disappear〔ˌdɪsəˈpɪr〕*v.* 消失

vast〔væst〕*adj.* 巨大的　　　range〔rendʒ〕*n.* 山脈

mountain range 山脈　　　along〔əˈlɔŋ〕*prep.* 沿著；鄰近

coast〔kost〕*n.* 海岸

23.(**A**) 依句意，選 (A) ***If*** 「如果」。而 (B) for 「爲了」，(C) unless 「除非」，
(D) though 「雖然」，均不合句意。

The Indian plate's <u>northward</u> movement is not new. However, this
　　　　　　　　　　　24
cannot be treated as a trivial finding in science. A movement of <u>even</u> a few
　　　　　　　　　　　　　　　　　　　　　　　　　　　25
millimeters (mm) of the earth's crust is a sign of possible earthquakes. Such
dangers are now obvious in India, where the movement of the plate continues.

　　印度板塊北移的情況，並不是第一次出現。然而，這不能被看成是微不足道的科學發現。地殼的移動，即使只有幾公釐，也可能是地震的徵兆。這樣的危險在印度是很明顯的，因爲這裡的板塊持續在移動。

Indian〔ˈɪndɪən〕*adj.* 印度的　　　plate〔plet〕*n.* 板塊

movement〔ˈmuvmənt〕*n.* 移動

new〔nju〕*adj.* 從未有過的；第一次出現的　　***be treated as*** 被視爲

trivial〔ˈtrɪvɪəl〕*adj.* 瑣碎的；微不足道的；不重要的

finding〔ˈfaɪndɪŋ〕*n.* 發現　　millimeter〔ˈmɪləˌmitɚ〕*n.* 公釐（= *mm*）

earth〔ɝθ〕*n.* 地球　　　crust〔krʌst〕*n.* 地殼

sign〔saɪn〕*n.* 跡象；徵兆；預兆　　　earthquake〔ˈɝθˌkwek〕*n.* 地震

obvious〔ˈɑbvɪəs〕*adj.* 明顯的　　　continue〔kənˈtɪnju〕*v.* 繼續

24.(**C**) 由第一段第二句…as it pushes ***northward*** against the Himalayas.可
知，應選 (C) ***northward***〔ˈnɔrθwɚd〕*adj.* 向北的。而 (A) wayward
〔ˈwewɚd〕*adj.* 不聽話的；任性的，(B) downward〔ˈdaʊnwɚd〕*adj.*
向下的，(D) outward〔ˈaʊtwɚd〕*adj.* 向外的，均不合句意。

25.(**B**) 依句意，地殼的移動，「即使」只有幾公釐，也可能是地震的徵兆，選 (B) *even*。而 (A) yet「然而；但是；尚（未）」，(C) rather〔'ræðɚ〕*adv.* 相當地，(D) indeed〔ɪn'did〕*adv.* 的確；真正地，均不合句意。

Whenever I set foot on the soil of Rwanda, a country in east-central Africa, I feel as if I have entered paradise: green hills, red earth, sparkling rivers and mountain lakes. Herds of goats and cows <u>with</u> enormous horns
26
graze the lush green fields.

每當我踏上盧安達的土地，這個位於非洲中東部的國家，我就覺得自己好像進入了天堂：綠色的山坡、紅色的土地、閃閃發光的河流，以及高山的湖泊。頭上長著大角的山羊和乳牛，成群地在青草茂盛的綠色原野上吃草。

> *set foot on* 腳踏入；到達；造訪　　soil〔sɔɪl〕*n.* 土壤；土地
> Rwanda〔ru'ɑndə〕*n.* 盧安達【非洲東部的共和國】
> east-central〔'ist,sɛntrəl〕*adj.* 中東部的　　Africa〔'æfrɪkə〕*n.* 非洲
> *as if* 就好像　　paradise〔'pærə,daɪs〕*n.* 天堂；樂園
> hill〔hɪl〕*n.* 小山；山丘　　earth〔ɝθ〕*n.* 大地；土壤
> sparkling〔'spɑrklɪŋ〕*adj.* 閃耀的；發光的
> *mountain lake* 高山湖泊　　herd〔hɝd〕*n.*（獸）群
> *herds of* 成群的　　goat〔got〕*n.* 山羊
> cow〔kau〕*n.* 母牛　　enormous〔ɪ'nɔrməs〕*adj.* 巨大的
> horn〔hɔrn〕*n.*（牛、山羊等的）的角　　graze〔grez〕*v.* 吃草
> lush〔lʌʃ〕*adj.* 蔥翠的；茂盛的　　field〔fild〕*n.* 原野

26.(**B**) 表示「具有」，介系詞用 *with*，選 (B)。

Although located close to the equator, Rwanda's "thousand hills," <u>ranging</u>
27
from 1,500 m to 2,500 m in height, ensure that the temperature is pleasant all year around. And being a tiny country, everything in Rwanda is <u>within reach</u>
28
in a few hours and the interesting spots can be explored comfortably in a couple of weeks.

雖然位於赤道附近，不過盧安達的「千山之地」，海拔從 1500 公尺到 2500 公尺
都有，能確保其終年氣溫宜人。由於盧安達是個很小的國家，所以這裡的一切，
都可在幾個小時內到達，而且可以在幾週內，悠閒地探索境內有趣的景點。

> locate ('loket , lo'ket) v. 使位於　　　equator (ɪ'kwetə) n. 赤道
> height (haɪt) n. 高度；海拔　　　ensure (ɪn'ʃʊr) v. 確保；保證
> temperature ('tɛmprətʃə) n. 溫度
> pleasant ('plɛznt) adj. 令人愉快的
> *all year around* 一年到頭；整年 (= *all the year round*)
> tiny ('taɪnɪ) adj. 微小的　　　spot (spat) n. 地點
> explore (ɪk'splor) v. 探險；探測；實地查看
> comfortably ('kʌmfətəblɪ) adv. 舒適地；輕鬆地；悠閒地
> *a couple of* 幾個

27. (**C**) 依句意，選 (C) *ranging*。
　　range from A *to* B 　(範圍) 從 A 到 B 都有
　　而 (A) differ ('dɪfə) v. 不同，(B) wander ('wandə) v. 徘徊；流浪，
　　(D) climb (klaɪm) v. 爬，均不合句意。

28. (**D**) 依句意，選 (D) *within reach*「在能輕易到達的距離內」。
　　reach (ritʃ) n. 伸手可及的範圍；能輕易到達的距離
　　而 (A) off the record「不留在記錄的；非正式的；不可公開的」，
　　(B) beyond doubt「無疑地」，(C) in touch「(與…) 接觸；(與…) 取
　　得聯繫」，句意均不合。

But above all, Rwanda is a symbol of the triumph of the human spirit over
　　　29
evil. Though it was once known to the world for the 1994 tribal conflict
that resulted in about one million deaths, Rwanda has survived the mass
　　　　　　　　　　　　　　　　　　　　　　　　　　　30
killing. Now it is healing and prospering and greets visitors with open arms.

但是，最重要的是，盧安達是人類精神戰勝邪惡的象徵。雖然全世界都知道，
盧安達於 1994 年發生部落衝突，造成了大約一百萬人死亡，但盧安達已經安然
度過那場大屠殺。現在它正在復原而且日漸繁榮，並張開雙臂，熱烈歡迎遊客。

symbol〔'sɪmbḷ〕*n.* 象徵　　triumph〔'traɪəmf〕*n.* 勝利；征服<*over*>

spirit〔'spɪrɪt〕*n.* 精神　　over〔'ovɚ〕*prep.* 勝過

evil〔'ivḷ〕*n.* 邪惡；罪惡　　once〔wʌns〕*adv.* 從前；曾經

be known to 被⋯知道　　***the world*** 世人

tribal〔'traɪbḷ〕*adj.* 部落的　　conflict〔'kɑnflɪkt〕*n.* 衝突

result in 造成；導致　　mass〔mæs〕*adj.* 大量的

killing〔'kɪlɪŋ〕*n.* 殺害；屠殺　　heal〔hil〕*v.* 痊癒

prosper〔'prɑspɚ〕*v.* 興盛；繁榮；成功　　greet〔grit〕*v.* 迎接

visitor〔'vɪzɪtɚ〕*n.* 遊客；觀光客

with open arms 張開著雙臂；熱烈地（歡迎等）

29. (**C**) 依句意，選 (C) ***above all***「最重要的是」。而 (A) worst of all「最糟的
　　是」，(B) for that matter「關於那件事；說到那件事；進一步說」(用
　　於補述前面的話)，(D) at most「最多；充其量」，均不合句意。

30. (**A**) 依句意，選 (A) ***survive***〔sə'vaɪv〕*v.* 自⋯中生還；熬過；順利度過。
　　而 (B) transform〔træns'fɔrm〕*v.* 轉變，(C) recover〔rɪ'kʌvɚ〕*v.* 恢復；
　　復原，(D) endanger〔ɪn'dendʒɚ〕*v.* 使⋯陷於危險中；危及，均不合
　　句意。

三、文意選填：

　　An old man who lived in a small side street of Mumbai had to put
up with the nuisance of boys playing cricket and making a lot of noise
outside his house, at night.

　　有位老人住在孟買的小巷道裡，他晚上必須忍受一群討厭的男孩子玩板
球，而且在他家外面製造一堆噪音。

Mumbai〔mʌm'baɪ〕*n.* 孟買 (是印度馬哈拉施特拉邦的首府，是印度最大
　　的城市，也是商業、金融、電影娛樂中心。孟買的英文名本來叫「Bombay」，
　　但印度政府於 1995 年 11 月 22 日決定恢復傳統的名稱「Mumbai」。)

side street 巷道　　***put up with*** 忍受

nuisance〔'nusn̩s〕*n.* 討厭的人 (東西)　　cricket〔'krɪkɪt〕*n.* 板球

One evening when the boys were particularly ³¹(F) noisy, he went out to talk to them. He explained that he had just retired and was happiest when he could see or hear boys playing his ³²(C) favorite game, cricket. He would therefore give them 25 rupees each week to play in the street at night. The boys were thrilled, for they could hardly believe that they were being paid to do something they ³³(B) enjoyed!

有一天晚上，當那些男孩子特別吵的時候，他走出去跟他們講話。他解釋說，他剛退休，而且當他可以看到或聽到，有男孩子在打他最喜歡的板球的時候最開心。因此，他願意一星期付他們 25 元盧比，請他們晚上在街上打球。那些男孩很興奮，因爲他們幾乎沒辦法相信，有人會付錢讓他們從事自己喜歡的運動。

particularly〔pɚˋtɪkjələ⋅lɪ〕adv. 特別地；尤其
noisy〔ˋnɔɪzɪ〕adj. 吵雜的　　retire〔rɪˋtaɪr〕v. 退休
favorite〔ˋfevərɪt〕adj. 最喜愛的　　therefore〔ˋðɛr⸴for〕adv. 因此
rupee〔ruˋpi〕n. 盧比　　thrilled〔ˋθrɪld〕adj. 興奮的；激動的
hardly〔ˋhɑrdlɪ〕adv. 幾乎不

At the end of the first two weeks, the boys came to the old man's house, and went away ³⁴(D) happily with their 25 rupees. The third week when they came back, however, the old man said he had ³⁵(J) run out of money and sent them away with only 15 rupees. The fourth week, the man said he had not yet received his ³⁶(G) paycheck from the government and gave them only 10 rupees. The boys were very ³⁷(A) disappointed, but there was not much they could do about it.

前兩個禮拜結束的時候，那些男孩子來到老人的家，拿了錢之後，開心地離開。然而，當他們第三個禮拜過來的時候，老人說他已經沒錢了，後來用 15 元盧比打發他們走。第四個禮拜的時候，老人說他還沒收到政府發的薪水支票，所以只給了 10 元盧比。那些男孩子非常失望，不過他們也莫可奈何。

happily〔ˋhæpɪlɪ〕adv. 高興地
run out of 用完　　*send away* 趕走
receive〔rɪˋsiv〕v. 收到　　paycheck〔ˋpe⸴tʃɛk〕n. 薪水支票
not yet 還沒；尚未　　government〔ˋgʌvənmənt〕n. 政府
disappointed〔⸴dɪsəˋpɔɪntɪd〕adj. 失望的

At the end of the fifth week, the boys came back again and knocked at the old man's house, waiting for their [38](I) reward. Slowly, the door opened and the old man appeared. He apologized that he could not afford to pay them 25 rupees as he had [39](H) promised, but said he would give them five rupees each week without fail.

第五個禮拜過去了，那些男孩打完球之後，回來敲老人的門，等著領他們的獎賞。門慢慢地打開，老人出現在他們眼前。老人覺得很抱歉，因為他已經付不起他當初所承諾的 25 元盧比。不過，他說他一定會每個禮拜給他們五元盧比。

reward〔rɪ'wɔrd〕n. 報酬；獎賞
appear〔ə'pɪr〕v. 出現　　apologize〔ə'palə,dʒaɪz〕v. 道歉；認錯
afford〔ə'ford〕v. 負擔得起　　promise〔'pramɪs〕v. 承諾
without fail 必定

This was really too much for the boys. "You expect us to play seven days a week for [40](E) merely five rupees!" they yelled. "No way!"

對那些男孩子而言，他們真的受夠了。他們大叫著說：「你期望我們打一個禮拜的球，然後只給我們五元盧比！不可能！」

too much for sb. 受不了　　expect〔ɪk'spɛkt〕v. 期待；期望
merely〔'mɪrlɪ〕adv. 僅僅；單單　　yell〔jɛl〕v. 大叫；大吼
no way 絕對不行

They stormed away and never played on the street again.
他們一哄而散，然後再也不在這條街上打球。

storm〔stɔrm〕v. 猛衝

四、閱讀測驗：

41-44 為題組

Most American kids love Halloween treats, but a bucket of Halloween candy can be a dentist's nightmare. Some parents try to get rid of half of the candy after their children go to bed, but dentists say parents also need to separate the good kinds of treats from the bad.

大部分的美國小孩都很愛萬聖節的糖果，但是一桶萬聖節糖果可能會是牙醫的惡夢。有些家長試著趁小孩睡著後，丟掉一半的糖果，但是牙醫說，家長還得把好的糖果和壞的糖果分開。

treat〔trit〕*n.* 示好的食物、飲料等，在此指「萬聖節要來的糖果」。
bucket〔'bʌkɪt〕*n.* 桶子　　dentist〔'dɛntɪst〕*n.* 牙醫
nightmare〔'naɪt,mɛr〕*n.* 惡夢　　***get rid of*** 丟棄
separate〔'sɛpə,ret〕*v.* 分開

　　It is not exactly what a child eats that truly matters, but how much time it stays in his mouth. According to pediatric dentist Dr. Kaneta Lott, the most damaging stuff is something that is sticky or very hard and thus stays in the mouth for a long time. This is because we all have bacteria in our mouths. When we eat, the bacteria take our food as their food and produce an acid that destroys the surface of the teeth, causing cavities to form. The longer the food stays in the mouth, the more likely cavities will develop. Therefore, potato chips are worse than candy because they get stuck between teeth. For the same reason, raisins and crackers are not the best choice. Hard candies take a long time to consume and are also a bad choice for Halloween treats

　　眞正重要的，並不是小孩吃了什麼，而是吃的停留在他嘴巴裡多久。根據小兒科牙醫 Kaneta Lott 的說法，傷害最大的是非常黏或是硬的東西，因爲它們會在嘴巴裡停留很久。這是因爲我們的嘴巴裡都有細菌。當我們吃東西時，細菌會把我們的食物當作牠們的食物，並製造出會破壞牙齒表面的酸，使蛀牙形成。食物在嘴巴裡停留越久，就越有可能會形成蛀牙。因此，洋芋片比糖果還糟，因爲它們會卡在牙縫。同理可證，葡萄乾和餅乾也不是最好的選擇。硬的糖果要花很長的時間吃，所以也不是萬聖節糖果的好選擇。

not exactly 並不　　truly〔'trulɪ〕*adv.* 眞正地
matter〔'mætɚ〕*v.* 有關係；關係重要
pediatric〔,pidɪ'ætrɪk〕*adj.* 小兒科的
damaging〔'dæmɪdʒɪŋ〕*adj.* 有害的　　stuff〔stʌf〕*n.* 東西；物質
sticky〔'stɪkɪ〕*adj.* 黏黏的　　hard〔hɑrd〕*adj.* 硬的
thus〔ðʌs〕*adv.* 因此　　bacteria〔bæk'tɪrɪə〕*n. pl.* 細菌
acid〔'æsɪd〕*n.*【化學】酸　　destroy〔dɪ'strɔɪ〕*v.* 破壞
surface〔'sɝfɪs〕*n.* 表面　　cavity〔'kævətɪ〕*n.* 蛀牙
form〔fɔrm〕*v.* 形成　　develop〔dɪ'vɛləp〕*v.* 發展；形成
potato chip 洋芋片　　stuck〔stʌk〕*adj.* 卡住的
raisin〔'rezn̩〕*n.* 葡萄乾　　cracker〔'krækɚ〕*n.* 餅乾
consume〔kən'sum〕*v.* 將…吃完

If children really love candy, dentists recommend that they eat chocolate instead. Unlike hard candies, chocolate dissolves quickly in the mouth. Besides, chocolate contains tannins, which help to kill some of the bacteria in the mouth. But no matter what a child eats, brushing after each meal is still the best way to fight cavities.

如果孩子真的很愛吃糖果，牙醫建議他們不如換吃巧克力。巧克力與硬的糖果不同，它會迅速溶解在嘴裡。除此之外，巧克力含有丹寧酸，有助於殺掉一些嘴裡的細菌。但是不管孩子吃什麼，每餐飯後刷牙仍是對抗蛀牙的最好方法。

recommend〔ˌrɛkə'mɛnd〕 v. 建議　　instead〔ɪn'stɛd〕 adv. 替換
unlike〔ʌn'laɪk〕 prep. 與…不同；不像　　dissolve〔dɪ'zɑlv〕 v. 溶解
tannin〔'tænɪn〕 n.【化學】單寧酸　　 ***no matter what*** 無論什麼
brush〔brʌʃ〕 v. 刷；刷牙　　meal〔mil〕 n. 餐

41. (**C**) 本文的主旨是？
　　(A) 討論如何治療蛀牙。
　　(B) 點出慶祝萬聖節的問題。
　　(C) <u>告訴家長哪些甜食對小孩牙齒的傷害比較小。</u>
　　(D) 教導家長萬聖節糖果對他們小孩的意義。

main〔men〕 adj. 主要的　　purpose〔'pɝpəs〕 n. 目的
passage〔'pæsɪdʒ〕 n.（文章的）一段；一節
treat〔trit〕 v. 治療　　 ***point out*** 指出
celebration〔ˌsɛlə'breʃən〕 n. 慶祝
sweets〔swits〕 n. pl. 甜食

42. (**D**) 為什麼硬的糖果對牙齒特別不好？
　　(A) 它們可能會使小孩的牙齒斷掉。
　　(B) 它們含有太多糖份。
　　(C) 它們協助細菌產生單寧酸。
　　(D) <u>它們停留在嘴巴裡很長一段時間。</u>

break〔brek〕 v. 使斷掉
contain〔kən'ten〕 v. 含有；包含
sugar〔'ʃugɚ〕 n. 糖

43. (**A**) 根據本文，下列何者比較適合用來當萬聖節糖果？

 (A) 巧克力。   (B) 餅乾。

 (C) 葡萄乾。   (D) 洋芋片。

44. (**B**) 根據本文，下列關於丹寧酸的敘述，何者正確？

 (A) 它們是在細菌消化食物時產生。

 (B) 它們協助去除掉嘴裡的一些細菌。

 (C) 它們協助巧克力更快地溶解。

 (D) 它們破壞牙齒的表面。

 digest〔daɪˈdʒɛst〕*v.* 消化 ***get rid of*** 除去

45-48 為題組

 The largest television network in America is not ABC, CBS, or Fox. Nor is it one of the cable networks such as CNN, which carries only news and news stories. It is not ESPN, the all-sports cable network, or even MTV, which is famous for its music videos. Rather it is PBS, Public Broadcasting System, a non-profit public broadcasting TV service. PBS has 349 member television stations in the U.S. and some member stations by cable in Canada.

 美國最大的電視網不是「美國廣播公司」、「哥倫比亞廣播系統」或是「福克斯電視台」。也不是只播報新聞或新聞報導的有線電視網，像是「有線新聞電視網」。它不是全體育有線電視網的「娛樂體育節目電視網」，或甚至是以音樂錄影帶聞名的「音樂電視節目」。而是「公視」，公共廣播系統，它是非營利的公共廣播電視服務。美國公視有三百四十九個電視台分部，還有一些有線電視台分佈在加拿大。

  network〔ˈnɛtˌwɝk〕*n.* 電視網

  ABC 美國廣播公司（ = *American Broadcasting Company* ）

  CBS 哥倫比亞廣播系統（ = *Columbia Broadcasting System* ）

  Fox〔ˈfɑks〕*n.* 美國福克斯電視台

  cable〔ˈkebl̩〕*n.* 有線電視

  CNN 有線新聞電視網（ = *Cable News Network* ）

  carry〔ˈkærɪ〕*v.* 傳達；報導

ESPN 娛樂體育節目電視網（= *Entertainment and Sports Programs Network*）

MTV 音樂電視節目（= *Music Television*）

video〔'vɪdɪ,o〕*n.* 錄影帶　　rather〔'ræðɚ〕*adv.* 而是

PBS 公視（= *Public Broadcasting System*）

non-profit〔,nɑn'prɑfɪt〕*adj.* 非營利的

member〔'mɛmbɚ〕*n.* 分部；支部

PBS only attracts a minority of all TV viewers, about 2 percent. The industry leader, NBC, however, attracts 11 percent of viewers. But the growth of public television in the past two decades has been dramatic. This is especially noteworthy when one considers that public television stations must often survive on very limited budgets, on viewers' donations, and on private foundations and some governmental funding.

「公視」只吸引所有電視觀眾群中的少數，大約百分之二。然而，這個產業中的領導者，「國家廣播公司」，吸引了百分之十一的觀眾。但是在過去二十年，公共電視的成長一直都很戲劇化。特別值得注意的是，當一個人想到公共電視台時，一定會想到要在非常有限的預算、觀眾的捐贈、私人的捐款和一些政府資金的協助之下，才能生存。

attract〔ə'trækt〕*v.* 吸引　　minority〔mə'nɔrətɪ〕*n.* 少數

viewer〔'vjuɚ〕*n.* 觀眾　　percent〔pɚ'sɛnt〕*n.* 百分比

industry〔'ɪndʌstrɪ〕*n.* 產業

NBC 國家廣播公司（= *National Broadcasting Company*）

growth〔groθ〕*n.* 成長　　decade〔'dɛked〕*n.* 十年

dramatic〔drə'mætɪk〕*adj.* 戲劇性的

noteworthy〔'not,wɜðɪ〕*adj.* 值得注意的

survive〔sə'vaɪv〕*v.* 生存；活下來

limited〔'lɪmɪtɪd〕*adj.* 有限的　　budget〔'bʌdʒɪt〕*n.* 預算

donation〔do'neʃən〕*n.* 捐贈　　private〔'praɪvɪt〕*adj.* 私人的

foundation〔faʊn'deʃən〕*n.* 基金；捐款

governmental〔,gʌvən'mɛntḷ〕*adj.* 政府的

funding〔'fʌndɪŋ〕*n.* 基金；資金

The level of quality of PBS programs, whether in national and international news, entertainment, or education, is excellent. Almost a whole generation of children throughout the world is familiar with Sesame Street and the characters of The Muppet Show. PBS is especially well known for the quality of its many educational TV programs. Over 95 percent of all public television stations have tele-courses. These courses are accepted and supported by more than 1,800 colleges and universities throughout the US. Each year, over a quarter of a million students take courses this way.

無論是本國或國際性的新聞、娛樂節目或是教育節目,「公視」的品質水準都是極好的。幾乎全世界一整個時代的小孩子,都對「芝麻街」和「大青蛙布偶秀」的角色非常熟悉。「公視」最有名的,是許多電視教育節目的品質。百分之九十五以上的公共電視台,都有電視教學課程。全美國有超過一千八百所大專院校都接受和支持這些課程。每年,有超過二十五萬的學生用這種方式選修課程。

> level〔'lɛvḷ〕*n.* 水準;等級　　quality〔'kwɑlətɪ〕*n.* 品質
> entertainment〔ˌɛntɚ'tenmənt〕*n.* 娛樂
> generation〔ˌdʒɛnə'reʃən〕*n.* 一代　　familiar〔fə'mɪljɚ〕*adj.* 熟悉的
> sesame〔'sɛsəmɪ〕*n.* 芝麻　　character〔'kærɪktɚ〕*n.* 角色
> tele-course〔'tɛlə͵kɔrs〕*n.* 電視教學課程　　support〔sə'port〕*v.* 支持
> quarter〔'kwɔrtɚ〕*n.* 四分之一　　take〔tek〕*v.* 修(課程)

45. (**A**) 根據這篇文章,公視有部分資金是從_____得來。

    (A) 私人機構。　　　　　　(B) 公立學校。
    (C) 廣告公司。　　　　　　(D) 其他電視台。

> organization〔ˌɔrgənə'zeʃən〕*n.* 機構
> advertising〔'ædvɚ͵taɪzɪŋ〕*n.* 廣告　　agency〔'edʒənsɪ〕*n.* 代理機構

46. (**C**) 公視最有名的是什麼?

    (A) 有線服務。　　　　　　(B) 慷慨的捐贈。
    (C) 教育節目。　　　　　　(D) 現場新聞播報。

> generous〔'dʒɛnərəs〕*adj.* 慷慨的　　live〔laɪv〕*adj.* 現場的

47. (**D**) 關於公視，下列何者為眞？
   (A) 它們大多數的觀衆是少數民族。
   (B) 它們百分之九十五的節目是電視教學課程。
   (C) 它們的數量正在減少當中，因爲它們沒有獲利。
   (D) 美國很多大學接受它們的課程。

   minority〔maɪˈnɔrətɪ〕*adj.* 少數的　　people〔ˈpipl〕*n.* 民族
   shrink〔ʃrɪŋk〕*v.* 減少

48. (**C**) 下列何者有最高百分比的觀衆？
   (A) 美國廣播公司。　　　　(B) 公視。
   (C) 國家廣播公司。　　　　(D) 福克斯電視台。

<u>49-52 爲題組</u>

　　Last week Jay McCarroll and The HSUS (The Humane Society of the United States) made a bold fur-free statement on the runway, marking **a new chapter** for the fashion industry and animal protection.　The encouraging response to McCarroll's show confirmed that change is happening in fashion.

　　上週，傑麥凱羅和美國人道協會，一起在伸展台上發表了拒用皮草的大膽聲明，這爲時尚界和動物保護行動寫下新的一章。對麥凱羅這場秀的鼓勵性回應，證實時尚正在改變。

　　　　humane〔hjuˈmen〕*adj.* 人道的　　society〔səˈsaɪətɪ〕*n.* 協會
　　　　bold〔bold〕*adj.* 大膽的　　fur〔fɝ〕*n.* 皮毛；皮草
　　　　fur-free 拒用皮草　　statement〔ˈstetmənt〕*n.* 聲明
　　　　runway〔ˈrʌnˌwe〕*n.* 伸展台　　mark〔mɑrk〕*v.* 標上；寫上
　　　　chapter〔ˈtʃæptɚ〕*n.* (人生或歷史的) 重要章節
　　　　industry〔ˈɪndʌstrɪ〕*n.* 業；界　　protection〔prəˈtɛkʃən〕*n.* 保護
　　　　encouraging〔ɪnˈkɝɪdʒɪŋ〕*adj.* 鼓勵的
　　　　response〔rɪˈspɑns〕*n.* 回應　　confirm〔kənˈfɝm〕*v.* 證實

　　McCarroll has good reasons for rejecting fur.　Each year, tens of millions of animals, including dogs and cats, needlessly suffer and die to fuel the fur industry.　But what did Jay McCarroll use in place of fur? "I have patchwork pieces that contain all sorts of combinations of fabrics.

The rest is cotton, nylon, polyester...you name it. I even have some stuff made out of bamboo/cotton blend. Anything but fur and leather," he told *Fashion Wire Daily*.

麥凱羅有充分的理由要拒用皮草。每年，有數千萬的動物，包括狗和貓，為了使皮草業繼續營運，而受到不必要的傷害或死亡。但是傑麥凱羅要用什麼東西來代替皮草呢？「我用一塊一塊的東西拼縫起來，它們包含各式各樣的布料組合。其餘部分則是棉、尼龍、聚酯纖維…應有盡有。甚至有些布是用竹子和棉混紡而成的。除了皮草和皮革以外的任何東西」，他告訴流行線上日報。

good〔gud〕*adj.* 充分的　　　reject〔rɪ'dʒɛkt〕*v.* 拒絕

needlessly〔'nidlɪslɪ〕*adv.* 不必要地　　　suffer〔'sʌfɚ〕*v.* 受傷

fuel〔'fjuəl〕*v.* 保持…的進行　　　***in place of*** 取代；代替

patchwork〔'pætʃ,wɝk〕*n.* 拼湊成的東西

piece〔pis〕*n.* 片；塊；部分　　　contain〔kən'ten〕*v.* 包含

sort〔sort〕*n.* 種類　　　combination〔,kɑmbə'neʃən〕*n.* 組合

fabric〔'fæbrɪk〕*n.* 布料；織品　　　rest〔rɛst〕*n.* 其餘之物

cotton〔'kɑtn̩〕*n.* 棉　　　nylon〔'naɪlɑn〕*n.* 尼龍

polyester〔'pɑlɪ,ɛstɚ〕*n.* 聚酯纖維

you name it 凡是你想到的；應有盡有

stuff〔stʌf〕*n.* 原料；布匹

make out of 用…製成　　　bamboo〔bæm'bu〕*n.* 竹子

blend〔blɛnd〕*n.* 混合製品；混紡

anything but 除～之外的任何東西　　　leather〔'lɛðɚ〕*n.* 皮革

wire〔waɪr〕*n.* 電線　　　daily〔'delɪ〕*n.* 日報

"So many people want to protect animals and live their lives without causing unnecessary cruelty. More than two thirds of Americans have pets, and we share a bond with animals every day. Saying no to fur can help millions of animals, and we want to show our respect to leading designers like Jay who embrace compassion as the fashion," said Michael Markarian, executive vice president of The HSUS. "It is great to see leaders in the fashion industry recognizing that the animals need their fur more than we do."

「有非常多人想要保護動物，並過著無須造成不必要的殘忍行為的生活。超過三分之二的美國人有養寵物，而且我們每天都跟動物有聯繫。向皮草說不，可以幫助數百萬的動物，所以我們要向像傑這樣的一流設計師致敬，因為他採納同情心作為時尚的一部分」，麥克馬卡林說，他是美國人道協會的執行副總。「看到時尚界的領導者承認，動物比我們還需要牠們的皮，是件很棒的事」。

    live〔lɪv〕*v.* 過…的生活

    unnecessary〔ʌn'nɛsə,sɛrɪ〕*adj.* 不必要的

    cruelty〔'kruəltɪ〕*n.* 殘忍的行為   ***two thirds of*** 三分之二的

    pet〔pɛt〕*n.* 寵物   share〔ʃɛr〕*v.* 共同具有

    bond〔bɑnd〕*n.* 關聯；聯繫   show〔ʃo〕*v.* 表示

    respect〔rɪ'spɛkt〕*n.* 敬意   leading〔'lidɪŋ〕*adj.* 一流的

    designer〔dɪ'zaɪnə〕*n.* 設計師

    embrace〔ɪm'bres〕*v.* 接受；採取

    compassion〔kəm'pæʃən〕*n.* 同情心；憐憫

    executive〔ɪg'zɛkjutɪv〕*adj.* 執行的   vice〔vaɪs〕*adj.* 副的

    president〔'prɛzədənt〕*n.* 總裁   leader〔'lidə〕*n.* 領導者

    recognize〔'rɛkəg,naɪz〕*v.* 承認

49. (**A**) 關於傑麥凱羅，下列何者正確？

    (A) 他是著名的時尚設計師。

    (B) 他是美國人道協會的執行副總裁。

    (C) 他是流行線上日報的編輯。

    (D) 他是動物保護組織的會長。

    editor〔'ɛdɪtə〕*n.* 編輯   head〔hɛd〕*n.* 領袖；會長

    organization〔,ɔrgənə'zeʃən〕*n.* 組織

50. (**B**) 在第一段第三行的 **a new chapter** 意思是？

    (A) 一本書的新單元。   (B) 一種新趨勢的開始。

    (C) 一本雜誌的最新議題。   (D) 一個最近設立的組織。

    unit〔'junɪt〕*n.* 單元   trend〔trɛnd〕*n.* 趨勢

    latest〔'letɪst〕*adj.* 最新的   issue〔'ɪʃjʊ〕*n.* 議題

    newly〔'njulɪ〕*adv.* 最近   established〔ə'stæblɪʃt〕*adj.* 已設立的

51. (**C**) 傑麥凱羅不推薦用下列哪一項來做衣服？

    (A) 聚酯纖維。   (B) 竹子。

    (C) <u>皮革。</u>   (D) 拼湊起來的東西。

    recommend〔͵rɛkə'mɛnd〕*v.* 推薦

    clothing〔'kloðɪŋ〕*n.* 衣服

52. (**B**) 我們可以從本文得知什麼？

    (A) 人類在情感上依賴動物。

    (B) <u>時尚可與對生物的同情並存。</u>

    (C) 用皮草來做衣服的效果比竹棉混紡還好。

    (D) 對時尚設計師來說，皮草比其他布料還貴。

    human being 人類   depend〔dɪ'pɛnd〕*v.* 依賴

    emotionally〔ɪ'moʃənlɪ〕*adv.* 情感上

    go hand in hand with 並存

    life〔laɪf〕*n.* 生物   effective〔ə'fɛktɪv〕*adj.* 有效的

    material〔mə'tɪrɪəl〕*n.* 材料；布料

53-56 為題組

    Twenty years ago, most experts believed that differences in how boys and girls behaved were mainly due to differences in how they were treated by their parents, teachers, and friends. It's hard to **cling to** that belief today. Recent research has shown that there are biological differences between boys and girls. Understanding these differences is important in raising and educating children.

    二十年前，大部分專家相信男女的行為差異，主要是由於父母、老師及朋友對待他們的方式不同所造成的。現在則很難再堅持這樣的想法。最近的研究顯示，男女之間存在著生物學上的差異。了解這些差異對教養小孩很重要。

        expert〔'ɛkspɝt〕*n.* 專家   difference〔'dɪfərəns〕*n.* 差異

        behave〔bɪ'hev〕*v.* 行為   mainly〔'menlɪ〕*adv.* 主要地

        due to 由於（ = *thanks to* = *owing to* = *on account of* = *because of* = *as a result of* ）   treat〔trit〕*v.* 對待

cling to 執著；堅守　　**belief**〔bɪˈlif〕*n.* 想法；信念
recent〔ˈrisn̩t〕*adj.* 最近的　　**research**〔ˈrisɝtʃ；rɪˈsɝtʃ〕*n.* 研究
biological〔ˌbaɪəˈlɑdʒɪkl̩〕*adj.* 生物（學）的
understand〔ˌʌndɚˈstænd〕*v.* 了解
raise〔rez〕*v.* 養育（= *bring up*）

For example, girls are born with more sensitive hearing than boys,
and the difference increases as kids grow up. So when a grown man
speaks to a girl in what he thinks is a normal voice, she may hear it as
yelling. Conversely, boys who appear to be inattentive in class may just
be sitting too far away to hear the teacher.

　　例如，女生的聽覺天生比男生敏銳，這樣的差異會隨著小孩的成長而增加。
所以，當成年男子以他認為正常的聲音對女孩說話時，她可能覺得聽起來像是
在吼叫。相反地，課堂上顯得不太專心的男孩，可能只是因為坐得太遠，無法
聽到老師說話。

sensitive〔ˈsɛnsətɪv〕*adj.* 敏感的　　**hearing**〔ˈhɪrɪŋ〕*n.* 聽覺；聽力
increase〔ɪnˈkris〕*v.* 增加　　**kid**〔kɪd〕*n.* 小孩
grown〔gron〕*adj.* 成年的　　**normal**〔ˈnɔrml̩〕*adj.* 正常的
voice〔vɔɪs〕*n.* 聲音　　**yell**〔jɛl〕*v.* 吼叫
conversely〔kənˈvɝslɪ〕*adv.* 反過來；在另一方面
inattentive〔ˌɪnəˈtɛntɪv〕*adj.* 不注意的　　***in class*** 課堂上
too~to⋯ 太～而不能⋯

Likewise, girls are better in their expression of feelings. Studies
reveal that negative emotions are seated in an area of the brain called the
amygdala. Girls develop an early connection between this area and the
cerebral cortex, enabling them to talk about their feelings. In boys these
links develop later. So if you ask a troubled adolescent boy to tell you
what his feelings are, he often cannot say much.

　　同樣地，女生較善於表達情感。研究顯示，負面的情緒位於腦部一個稱為
扁桃體的區域，女生的大腦皮質很早便和這個區域發展出連結，讓她們能談論
自己的感受。男生在這方面的連結則較晚發展，所以如果你要一個憂慮的青春
期少年告訴你他的感受，他通常說不出什麼。

likewise〔'laɪk,waɪz〕*adv.* 同樣地　　expression〔ɪk'sprɛʃən〕*n.* 表達
feeling〔'filɪŋ〕*n.* 情感　　reveal〔rɪ'vil〕*v.* 顯示；揭露
negative〔'nɛgətɪv〕*adj.* 負面的；消極的
emotion〔ɪ'moʃən〕*n.* 情緒；情感　　seat〔sit〕*v.* 位於
amygdala〔ə'mɪgdələ〕*n.* 扁桃體　　develop〔dɪ'vɛləp〕*v.* 發展
connection〔kə'nɛkʃən〕*n.* 連結　　cerebral〔'sɛrəbrəl〕*adj.* 大腦的
cortex〔'kɔrtɛks〕*n.*（腦或其他器官的）皮層；大腦皮質
enable〔ɪn'ebl̩〕*v.* 使能夠　　link〔lɪŋk〕*n.* 連結
troubled〔'trʌbl̩d〕*adj.* 憂慮的；煩惱的
adolescent〔ˌædl̩'ɛsn̩t〕*adj.* 青春期的

Dr. Sax, a proponent of single-sex education, points out that keeping boys and girls separate in the classroom has yielded striking educational, social, and interpersonal benefits. Therefore, parents and teachers should try to recognize, understand, and make use of the biological differences that make a girl a girl, and a boy a boy.

　　塞克斯博士是單一性別教育的支持者，他指出男女分開在不同教室上課，能產生顯著的教育、社會、和人際關係上的益處。因此，父母和老師應該嘗試去認同、理解、並利用生物學上的差異——它讓男生成為男生，女生成為女生。

proponent〔prə'ponənt〕*n.* 支持者
single-sex〔'sɪŋgl̩'sɛks〕*adj.* 單一性別的　　***point out*** 指出
separate〔'sɛprɪt〕*adj.* 分開的　　yield〔jild〕*v.* 產生
striking〔'straɪkɪŋ〕*adj.* 顯著的
educational〔ˌɛdʒʊ'keʃənl̩〕*adj.* 教育的　　social〔'soʃəl〕*adj.* 社會的
interpersonal〔ˌɪntɚ'pɝsənl̩〕*adj.* 人際的　　benefit〔'bɛnəfɪt〕*n.* 利益
recognize〔'rɛkəg,naɪz〕*v.* 承認；認同；辨識
make use of 利用

53. (**C**) 本文主旨為何？
　　(A) 課堂上男生容易比女生更不專心。
　　(B) 女生察覺聲音的能力比男生更好。
　　(C) <u>男女之間行為的差異是由於生物學上的差異。</u>
　　(D) 單一性別的學校不好，因為它們把男女分開。
　　tend to 傾向　　***pay attention*** 專心
　　detect〔dɪ'tɛkt〕*v.* 察覺

54. (**D**) 為何女生比男生更善於表達負面情感？

    (A) 女生比男生更多愁善感。

    (B) 女生的腦細胞比男生多。

    (C) 男女的扁桃體位在腦部不同的區域。

    (D) <u>腦部特定部位的連結，女生發展得比男生早。</u>

    emotional〔ɪ'moʃənḷ〕*adj.* 多愁善感的

    cell〔sɛl〕*n.* 細胞   locate〔lo'ket〕*v.* 座落；位於

55. (**B**) 作者相信下列何者？

    (A) 女生在溝通方面需要更多訓練。

    (B) <u>男生跟女生應該用不同的方式教育。</u>

    (C) 父母親應該更注意男生。

    (D) 教育時，應該忽略性別差異。

    training〔'trenɪŋ〕*n.* 訓練

    communication〔kə,mjunə'keʃən〕*n.* 溝通

    ignore〔ɪg'nɔr〕*v.* 忽視

56. (**A**) 第一段中的片語 **cling to** 意思為何？

    (A) <u>堅持。</u>   (B) 放棄。

    (C) 評估。   (D) 挑戰。

    maintain〔men'ten〕*v.* 堅持；維持   abandon〔ə'bændən〕*v.* 放棄

    evaluate〔ɪ'vælju,et〕*v.* 評估   challenge〔'tʃælɪndʒ〕*v.* 挑戰

第貳部分：非選擇題

一、翻譯題

1. If we only live for ourselves, we will not $\begin{cases} \text{truly} \begin{cases} \text{feel} \\ \text{be} \end{cases} \text{happy.} \\ \text{feel true happiness.} \end{cases}$

2. When we $\begin{cases} \text{begin} \\ \text{start} \end{cases}$ $\begin{cases} \text{thinking} \\ \text{to think} \end{cases}$ for others, the $\begin{cases} \text{gate} \\ \text{door} \end{cases}$ to happiness will open naturally.

二、英文作文：

Jane's New Pet

　　One day, Jane was playing in the park. She was very happy to find a little cat to play with. When she went home, she took the cat with her. She didn't know that all of the cat's brothers and sisters were following her.

　　Jane asked her mother if she could keep the cat as a pet. Her mother was not happy because she thought a pet would cause a lot of trouble. But Jane promised that she would take care of the cat well. Finally her mother agreed.

　　Unfortunately for Jane, all of the cats moved into her house and made a big mess. They scratched the sofa and broke a lamp. Their muddy feet made the floor dirty. Poor Jane. She will have to clean up the mess or her mother will be very angry.

pet〔pɛt〕*n.* 寵物　　follow〔'falo〕*v.* 跟隨

keep〔kip〕*v.* 飼養　　cause〔kɔz〕*v.* 造成；引起

trouble〔'trʌbl̩〕*n.* 麻煩的事

promise〔'pramɪs〕*v.* 承諾；答應

finally〔'faɪnl̩ɪ〕*adv.* 最後

agree〔ə'gri〕*v.* 同意　　***take care of*** 照顧

unfortunately〔ʌn'fɔrtʃənɪtlɪ〕*adv.* 不幸地；遺憾地

move〔muv〕*v.* 搬家；遷移　　mess〔mɛs〕*n.* 混亂；亂七八糟

scratch〔skrætʃ〕*v.* 抓傷　　break〔brek〕*v.* 打破；弄壞

lamp〔læmp〕*n.* 燈　　muddy〔'mʌdɪ〕*adj.* 沾滿泥的

floor〔flor〕*n.* 地板　　dirty〔'dɝtɪ〕*adj.* 髒的

poor〔pur〕*adj.* 可憐的　　***clean up*** 把…打掃乾淨；清理

or〔ɔr〕*conj.* 否則　　angry〔'æŋgrɪ〕*adj.* 生氣的

96 年度學科能力測驗英文試題修正意見

題　號	題　　　目	修　　正　　意　　見
第 2 題	...last year, *already* showed his great....	將 already 去掉，或改成 ...last year, *had already* showed his great.... * already 在此應和完成式連用。
第 5 題	...solid foundation *for research*.	應改成...solid foundation *in research skills*.或 ...solid foundation *in research techniques*. 句意較清楚。
第 14 題	...how much *scholarship*....	...how much **scholarship money**.... 或 ...how **large a scholarship**.... * scholarship 應加冠詞 a，只能說 how large，不能說 how much；如要用 how much，scholarship 後須加 money。
第 26－30 題 第七行	And *being* a tiny country, everything in Rwanda....	And **because it is** a tiny country, everything in Rwanda.... * 這句話是明顯的錯誤，因為前後主詞不一致，故分詞構句中的主詞 it 不可省略，改成子句較佳。
第 31－40 題 第三行	...his *house, at night*.	...his **house at night**. * 不需要逗點，句尾的 at night 前面加個逗點很奇怪。
第 45－48 題 第一段 第四行	Rather it is PBS, *Public Broadcasting System*,....	Rather it is PBS, **the Public Broadcasting Service**,.... * 專有名詞不加冠詞，但公共建築、機關的名稱前，應加定冠詞 the。(詳見「文法寶典」p.218) 公共電視台 PBS 中的 S 是 Service，不是 System。
第 45 題	..., PBS *received* part of its....	..., PBS **receives** part of its.... * 整篇文章都是現在式，怎麼突然出現一個過去式動詞？表示不變的事實，應用現在式。
第 49－52 題 第二段 第六行	...out of *bamboo/cotton* blend.	...out of **a bamboo/cotton** blend. * blend (混合製品；混紡) 為可數名詞，前面須加冠詞 a。
第 52 題	(C)...than *bamboo/cotton* blend for clothing.	(C)...than **a bamboo/cotton** blend for clothing.

96 年度學測英文科非選擇題評分標準說明

作者：大考中心研究員 林秀慧
出處：大考中心網站（96.2.26）

今年學科能力測驗英文考科的非選擇題題型與去年一樣，分兩大題，第一大題是英文翻譯，分兩小題共八分；第二大題看圖作文，考生需寫一篇 120 個單詞（words）左右的作文；考生可依編號，以四張圖畫內容為藍本，描述圖片中女孩與貓間發生的故事。本次考試與往年不同的是，考生也可以發揮想像力，自己選定一個順序，編寫故事。作文滿分為二十分。

至於評分標準，在翻譯題部分，每題總分 4 分，分兩半部，每半部 2 分，每個錯誤扣 0.5 分。作文的評分標準是依據內容（5 分）、組織（5 分）、文法句構（4 分）、字彙拼字（4 分）、體例（2 分）五個項目給分。若字數不足，則總分扣 1 分。

依慣例，每份試卷皆經過兩位委員分別評分，最後以二人之平均分數計算確實得分。如果初閱與複閱委員的分數差距太大，再找第三位主閱評分，以求公正。

由於這次的翻譯句型與詞彙不難，一些關鍵字詞如：live for ourselves、feel really happy、the door to happiness 等，多是高中畢業生應該熟習的常用字彙，若能確實注意拼字，並使用正確句型，應能得到理想的分數。

看圖作文部分，由於考生可依圖片的編號依序編寫故事，或自己選定某一順序，描述女孩與貓的故事，因此在考生的作答中也有一些創意的空間可供發揮，但是不管採取哪一種圖片的排序，閱卷委員評分時注意到的重點，是考生的作文在內容上是否涵蓋四張圖意、故事發展是否合理、英文的句構是否正確、用字是否達意，及標點大小寫是否合乎體例等等。

96 年學測英文科考題出題來源

題　　　號	出　　　　　　　　處
一、詞彙 　第 1～15 題	答案關鍵字完全出自大考中心 91 年 6 月 30 日新修訂的「高中常用 7000 字」，如果是以前舊版的，就沒有第 4 題 (D) upload（上傳）這個字。
二、綜合測驗 　第 16～20 題 　第 21～25 題 　第 26～30 題	www.happytaildogcpa.com ；www.thedogspa.co.uk http://www.hindutantimes.com From agony to ecstasy, Travel & indulgence, *The Australian*, Oct. 07, 2006 http://www.theaustralian.news.com.au/story/0,20867, 20532195-5002031,00.html
三、文意選填 　第 31～40 題	http://dimdima.com/khazana/stories/showstory.asp? q_title=Master+of+the+Game
四、閱讀測驗 　第 41～44 題 　第 45～48 題 　第 49～52 題 　第 53～56 題	CNN News, 30/10/2006 A pediatric dentist's tricks for the treat night Bodenstein, J. H., Daun-Barausch, E., & Stevenson, D. K. (1996). *American life and institutions.* Deutsch: Klett http://en.wikipedia.org/wiki/PBS Jay McCarroll and the HSUS make a bold fur-free statement on the runway www.hsus.org http://www.enotalone.com/article/4316.html

九十六年大學入學學科能力測驗試題
數學考科

第一部分：選擇題（佔 55 分）

壹、單選題（佔 25 分）

說明：第 1 至 5 題，每題選出最適當的一個選項，劃記在答案卡之「解答欄」，每題答對得 5 分，答錯不倒扣。

1. 設 $f(x) = ax^6 - bx^4 + 3x - \sqrt{2}$，其中 a, b 為非零實數，則 $f(5) - f(-5)$ 之值為

   (1) -30 (2) 0 (3) $2\sqrt{2}$ (4) 30

   (5) 無法確定（與 a, b 有關）

2. 試問共有多少個正整數 n 使得坐標平面上通過點 $A(-n,0)$ 與點 $B(0,2)$ 的直線亦通過點 $P(7,k)$，其中 k 為某一正整數？

   (1) 2 個 (2) 4 個 (3) 6 個 (4) 8 個

   (5) 無窮多個

3. 設某沙漠地區某一段時間的溫度函數為 $f(t) = -t^2 + 10t + 11$，其中 $1 \le t \le 10$，則這段時間內該地區的最大溫差為

   (1) 9 (2) 16 (3) 20 (4) 25 (5) 36

4. 坐標平面上方程式 $\dfrac{x^2}{9} + \dfrac{y^2}{4} = 1$ 的圖形與 $\dfrac{(x+1)^2}{16} - \dfrac{y^2}{9} = 1$ 的圖形共有幾個交點？

   (1) 1 個 (2) 2 個 (3) 3 個 (4) 4 個 (5) 0 個

5. 關於坐標平面上函數 $y = \sin x$ 的圖形和 $y = \dfrac{x}{10\pi}$ 的圖形之交點個數，下列哪一個選項是正確的？

   (1) 交點的個數是無窮多

   (2) 交點的個數是奇數且大於 20

   (3) 交點的個數是奇數且小於 20

   (4) 交點的個數是偶數且大於或等於 20

   (5) 交點的個數是偶數且小於 20

貳、多選題（佔 30 分）

說明：第 6 至 11 題，每題的五個選項各自獨立，其中至少有一個選項是正確的，選出正確選項劃記在答案卡之「解答欄」。每題皆不倒扣，五個選項全部答對者得 5 分，只錯一個選項可得 2.5 分，錯兩個或兩個以上選項不給分。

6. 若 $\Gamma = \{z \mid z$ 為複數且 $|z-1| = 1\}$，則下列哪些點會落在圖形 $\Omega = \{w \mid w = iz, z \in \Gamma\}$ 上？

   (1) $2i$ (2) $-2i$ (3) $1+i$ (4) $1-i$ (5) $-1+i$

7. 坐標平面上有相異兩點 P、Q，其中 P 點坐標為 (s,t)。已知線段 $\overline{PQ}$ 的中垂線 L 的方程式為 $3x - 4y = 0$，試問下列哪些選項是正確的？

   (1) 向量 $\overrightarrow{PQ}$ 與向量 $(3,-4)$ 平行

   (2) 線段 $\overline{PQ}$ 的長度等於 $\dfrac{|6s - 8t|}{5}$

   (3) Q 點坐標為 (t,s)

   (4) 過 Q 點與直線 L 平行之直線必過點 $(-s,-t)$

   (5) 以 O 表示原點，則向量 $\overrightarrow{OP} + \overrightarrow{OQ}$ 與向量 $\overrightarrow{PQ}$ 的內積必為 0

8. 下列哪些選項中的矩陣經過一系列的列運算後可以化成

$$\begin{pmatrix} 1 & 2 & 3 & 7 \\ 0 & 1 & 1 & 2 \\ 0 & 0 & 1 & 1 \end{pmatrix}?$$

(1) $\begin{pmatrix} 1 & 2 & 3 & 7 \\ 0 & 1 & 1 & 2 \\ 0 & 2 & 3 & 5 \end{pmatrix}$　　(2) $\begin{pmatrix} -1 & 3 & -1 & 0 \\ -1 & 1 & 1 & 0 \\ 3 & 1 & -7 & 0 \end{pmatrix}$　　(3) $\begin{pmatrix} 1 & 1 & 2 & 5 \\ 1 & -1 & 1 & 2 \\ 1 & 1 & 2 & 5 \end{pmatrix}$

(4) $\begin{pmatrix} 2 & 1 & 3 & 6 \\ -1 & 1 & 1 & 0 \\ -2 & 2 & 2 & 1 \end{pmatrix}$　　(5) $\begin{pmatrix} 1 & 3 & 2 & 7 \\ 0 & 1 & 1 & 2 \\ 0 & 1 & 0 & 1 \end{pmatrix}$

9. 坐標空間中，在 xy 平面上置有三個半徑為 1 的球兩兩相切，設其球心分別為 A,B,C。今將第四個半徑為 1 的球置於這三個球的上方，且與這三個球都相切，並保持穩定。設第四個球的球心為 P，試問下列哪些選項是正確的？

(1) 點 A,B,C 所在的平面和 xy 平面平行

(2) 三角形 ABC 是一個正三角形

(3) 三角形 PAB 有一邊長為 $\sqrt{2}$

(4) 點 P 到直線 AB 的距離為 $\sqrt{3}$

(5) 點 P 到 xy 平面的距離為 $1+\sqrt{3}$

10. 設 a 為大於 1 的實數，考慮函數 $f(x)=a^x$ 與 $g(x)=\log_a x$，試問下列哪些選項是正確的？

(1) 若 $f(3)=6$，則 $g(36)=6$

(2) $\dfrac{f(238)}{f(219)}=\dfrac{f(38)}{f(19)}$

⑶ $g(238) - g(219) = g(38) - g(19)$

⑷ 若 P, Q 為 $y = g(x)$ 的圖形上兩相異點，則直線 PQ 之斜率必為正數

⑸ 若直線 $y = 5x$ 與 $y = f(x)$ 的圖形有兩個交點，則直線 $y = \dfrac{1}{5}x$ 與 $y = g(x)$ 的圖形也有兩個交點

11. 設 $f(x)$ 為一實係數三次多項式且其最高次項係數為 1，已知 $f(1) = 1, f(2) = 2, f(5) = 5$，則 $f(x) = 0$ 在下列哪些區間必定有實根？

⑴ $(-\infty, 0)$ ⑵ $(0, 1)$ ⑶ $(1, 2)$

⑷ $(2, 5)$ ⑸ $(5, \infty)$

第二部分：選填題（佔 45 分）

說明：1. 第 A 至 I 題，將答案劃記在答案卡之「解答欄」所標示的列號（12–41）。

　　　2. 每題完全答對給 5 分，答錯不倒扣，未完全答對不給分。

A. 設實數 x 滿足 $0 < x < 1$，且 $\log_x 4 - \log_2 x = 1$，

則 $x = \dfrac{⑫}{⑬}$ 。（化成最簡分數）

B. 在坐標平面上的 $\triangle ABC$ 中，P 為 $\overline{BC}$ 邊之中點，Q 在 $\overline{AC}$ 邊上且 $\overline{AQ} = 2\overline{QC}$。已知 $\overrightarrow{PA} = (4, 3)$，$\overrightarrow{PQ} = (1, 5)$，則 $\overrightarrow{BC} = ($ ⑭⑮ ，⑯⑰)。

C. 在某項才藝競賽中，為了避免評審個人主觀影響參賽者成績太大，主辦單位規定：先將 15 位評審給同一位參賽者的成績求得算術平均數，再將與平均數相差超過 15 分的評審成績剔除後重新計算平均值做為此參賽者的比賽成績。現在有一位參賽者所獲 15 位評審的平均成績為 76 分，其中有三位評審給的成績 92、45、55 應剔除，則這個參賽者的比賽成績為 ____⑱⑲____ 分。

D. 某巨蛋球場 E 區共有 25 排座位，此區每一排都比其前一排多 2 個座位。小明坐在正中間那一排 (即第 13 排)，發現此排共有 64 個座位，則此球場 E 區共有 ____⑳㉑㉒㉓____ 個座位。

E. 設 P,A,B 為坐標平面上以原點為圓心的單位圓上三點，其中 P 點坐標為 $(1, 0)$，A 點坐標為 $(\dfrac{-12}{13}, \dfrac{5}{13})$，且 $\angle APB$ 為直角，則 B 點坐標為 $\left(\dfrac{㉔㉕}{㉖㉗} , \dfrac{㉘㉙}{㉚㉛} \right)$。（化成最簡分數）

F. 某公司生產多種款式的「阿民」公仔，各種款式只是球帽、球衣或球鞋顏色不同。其中球帽共有黑、灰、紅、藍四種顏色，球衣有白、綠、藍三種顏色，而球鞋有黑、白、灰三種顏色。公司決定紅色的球帽不搭配灰色的鞋子，而白色的球衣則必須搭配藍色的帽子，至於其他顏色間的搭配就沒有限制。在這些配色的要求之下，最多可有 ____㉜㉝____ 種不同款式的「阿民」公仔。

G. 摸彩箱裝有若干編號為 1, 2, …, 10 的彩球，其中各種編號的彩球數目可能不同。今從中隨機摸取一球，依據所取球的號數給予若干報酬。現有甲、乙兩案：甲案為當摸得彩球的號數為 k 時，其所獲報酬同為 k；乙案為當摸得彩球的號數為 k 時，其所獲報酬為 $11 - k$ ($k = 1, 2, …, 10$)。已知依甲案每摸取一球的期望值為 $\dfrac{67}{14}$，則依乙案每摸取一球的期望值為 $\dfrac{㉞㉟}{㊱㊲}$。（化成最簡分數）

H. 坐標平面上有一以點 $V(0, 3)$ 為頂點、$F(0, 6)$ 為焦點的拋物線。設 $P(a, b)$ 為此拋物線上一點，$Q(a, 0)$ 為 P 在 x 軸上的投影，滿足 $\angle FPQ = 60^{\circ}$，則 $b = \underline{\quad㊳㊴\quad}$。

I. 在 $\triangle ABC$ 中，M 為 $\overline{BC}$ 邊之中點，若 $\overline{AB} = 3$，$\overline{AC} = 5$，且 $\angle BAC = 120^{\circ}$，則 $\tan \angle BAM = \underline{\quad㊵\sqrt{㊶}\quad}$。（化成最簡根式）

參考公式及可能用到的數值

1. 一元二次方程式 $ax^2 + bx + c = 0$ 的公式解：$x = \dfrac{-b \pm \sqrt{b^2 - 4ac}}{2a}$

2. 平面上兩點 $P_1(x_1, y_1)$，$P_2(x_2, y_2)$ 間的距離為

$$\overline{P_1 P_2} = \sqrt{(x_2 - x_1)^2 + (y_2 - y_1)^2}$$

3. 通過 (x_1, y_1) 與 (x_2, y_2) 的直線斜率 $m = \dfrac{y_2 - y_1}{x_2 - x_1}$，$x_2 \neq x_1$.

4. 等比數列 $\left\langle ar^{k-1} \right\rangle$ 的前 n 項之和 $S_n = \dfrac{a \cdot \left(1 - r^n\right)}{1 - r}$, $r \neq 1$.

5. 三角函數的公式： $\sin(A + B) = \sin A \cos B + \sin B \cos A$

$$\tan(\theta_1 + \theta_2) = \frac{\tan\theta_1 + \tan\theta_2}{1 - \tan\theta_1 \tan\theta_2}$$

6. $\triangle ABC$ 的正弦定理： $\dfrac{\sin A}{a} = \dfrac{\sin B}{b} = \dfrac{\sin C}{c}$

$\triangle ABC$ 的餘弦定理： $c^2 = a^2 + b^2 - 2ab\cos C$

7. 棣美弗定理：設 $z = r(\cos\theta + i\sin\theta)$ ，則 $z^n = r^n(\cos n\theta + i\sin n\theta)$ ，n 為一正整數

8. 算術平均數： $M(= \overline{X}) = \dfrac{1}{n}(x_1 + x_2 + \cdots + x_n) = \dfrac{1}{n}\sum\limits_{i=1}^{n} x_i$

（樣本）標準差： $S = \sqrt{\dfrac{1}{n-1}\sum\limits_{i=1}^{n}(x_i - \overline{X})^2} = \sqrt{\dfrac{1}{n-1}\left(\left(\sum\limits_{i=1}^{n} x_i^2\right) - n\overline{X}^2\right)}$

9. 參考數值： $\sqrt{2} \approx 1.414$ ； $\sqrt{3} \approx 1.732$ ； $\sqrt{5} \approx 2.236$ ； $\sqrt{6} \approx 2.449$ ；
$\pi \approx 3.142$

10. 對數值： $\log_{10} 2 \approx 0.3010$ ， $\log_{10} 3 \approx 0.4771$ ， $\log_{10} 5 \approx 0.6990$ ，
$\log_{10} 7 \approx 0.8451$

96年度學科能力測驗數學科試題詳解

第一部分：選擇題

壹、單選擇

1. 【答案】(4)

　　【解析】 $f(5) = a \cdot 5^6 - b \cdot 5^4 + 15 - \sqrt{2}$

　　　　　　$f(-5) = a \cdot (-5)^6 - b \cdot (-5)^4 - 15 - \sqrt{2}$

　　　　　　　　　　$= a \cdot 5^6 - b \cdot 5^4 - 15 - \sqrt{2}$

　　　　　　$\therefore f(5) - f(-5) = 30$　　故選 (4)

2. 【答案】(2)

　　【解析】 如右圖

　　　　　　$\dfrac{2}{n} = \dfrac{k-2}{7}$

　　　　　　$\Rightarrow n(k-2) = 14$　$\because n \in N$

　　　　　　$\therefore n$ 必爲 14 之因數

　　　　　　$\Rightarrow n = 1, 2, 7, 14$

　　　　　　$\Rightarrow$ 討論得之如下表

n	1	2	7	14
k-2	14	7	2	1
K	16	9	4	3

　　　　　　皆符合　$\therefore$共 4 個 n　故選 (2)

3. 【答案】(4)

   【解析】 $f(t) = -t^2 + 10t + 11 = -(t-5)^2 + 36$

   ∵ 最大最小值發生在

   (1) 極值發生在 $t = 5$　(2) 邊界 $t = 1$ 或 $t = 10$

   代入檢查之　$t = 5 \rightarrow f(5) = 36$

   $t = 1 \rightarrow f(1) = 20$　　　$t = 10 \rightarrow f(10) = 11$

   ∴ Max = 36　　min = 11，差 25 度

   故選 (4)

4. 【答案】(1)

   【解析】 利用畫圖

   由圖得知共 1 個交點

   故選 (1)

   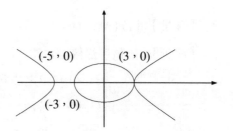

5. 【答案】(3)

   【解析】 如圖

   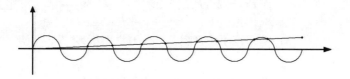

   另一半可由對稱得到　由圖得知 9+9+1=19 個點

   故選 (3)

貳、多重選擇題

6. 【答案】 (1) (3) (5)

　　【解析】 $|z-1|=1$

　　　　　　$\Rightarrow$ 複數到 1 的距離為 1

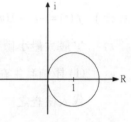

　　　　　　$zi = z \times 1 \times (\cos 90^\circ + i \sin 90^\circ)$

　　　　　　$\Rightarrow$ 即 z 逆時針轉 90°

　　　　　　故選 (1)(3)(5)

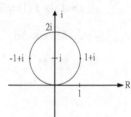

7. 【答案】 (1) (2) (4) (5)

　　【解析】 依題目條件如右圖

　　　　　(1) $\because 3x-4y=0$ 之法向量即

　　　　　　　為 $(3,-4)$，而 $\overrightarrow{PQ} \perp L$

　　　　　　　$\Rightarrow \overrightarrow{PQ}$ 平行 $(3,-4)$　　正確

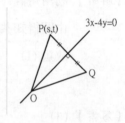

　　　　　(2) $d(P,L) = \dfrac{|3s-4t|}{\sqrt{3^2+(-4)^2}}$

　　　　　　　而 $\overline{PQ} = 2d(P,L) = 2 \times \dfrac{|3s-4t|}{5} = \dfrac{|6s-8t|}{5}$　　正確

　　　　　(3) (I) (t,s) 為 P 對 $x-y=0$ 之對稱點

　　　　　　　(II) (t,s) 至 $3x-4y=0$ 之距離為 $\dfrac{|3t-4s|}{5}$，

　　　　　　　而非 $\dfrac{|3s-4t|}{5}$　　　　錯誤

(4) (s,t) 和 $(-s,-t)$ 在 $3x-4y=0$ 之異側

　　$\Rightarrow \because (3s-4t)(-3s+4t)=-(3s-4t)^2 \le 0$

　　(a) 若 $3s=4t$，則 (s,t) 在 L 上

　　　　$\Rightarrow P$ 與 Q 為同一點 (不合)

　　　　$\Rightarrow 3s \ne 4t$，$-(3s-4t)^2 < 0$

　　　　則 (s,t) 和 $(-s,-t)$ 在異側

　　(b) 過 Q 點平行 $3x-4y=0$，即與 Q 同側並到

　　　　$3x-4y=0$ 之距離為 $\dfrac{|3s-4t|}{5}$

　　　　而 $(-s,-t)$ 到 $3x-4y=0$ 之距離

　　　　$=\dfrac{|-3s+4t|}{5}=\dfrac{|3s-4t|}{5}$　故必過 $(-s,-t)$　　正確

(5) $(0，0)$ 在 $3x-4y=0$ 上 $\Rightarrow |\overrightarrow{OP}|=|\overrightarrow{OQ}|$

　　$\Rightarrow \overrightarrow{OP}+\overrightarrow{OQ}$ 方向與 L 一致，又 $\overrightarrow{PQ} \perp L$

　　$\therefore \overrightarrow{PQ} \cdot (\overrightarrow{OP}+\overrightarrow{OQ})=0$　　故選 (1)(2)(4)(5)

8.【答案】(1)(5)

【解析】$\begin{pmatrix} 1 & 2 & 3 & 7 \\ 0 & 1 & 1 & 2 \\ 0 & 0 & 1 & 1 \end{pmatrix}=\begin{pmatrix} 1 & 2 & 0 & 4 \\ 0 & 1 & 0 & 1 \\ 0 & 0 & 1 & 1 \end{pmatrix}=\begin{pmatrix} 1 & 0 & 0 & 2 \\ 0 & 1 & 0 & 1 \\ 0 & 0 & 1 & 1 \end{pmatrix}$

　　$x=2$，$y=1$，$z=1$ 代入每個答案驗證 (注意係數)

　　(1) 正確

　　(2) 錯誤，原方程式裡至少仍有 $(0，0，0)$ 的解，又

　　　　$(2，1，1)$ 又為另解

　　　　故此矩陣有無限多組解，無法化為單一解形式

(3) 錯誤，兩平面相同必無限多組解

(4) 錯誤，(a) 代入即可　(b)二平面平行 $\Rightarrow$ 必無解

(5) 成立

故選 (1)(5)

9. 【答案】 (1)(2)(4)

【解析】 (1) $\because$ 距 xy 平面之高均為 1，故在同一平面且平行 xy 平面（xy 平面 $z=0$，ABC 所在為 $z=1$）

(2) 是，$\because$ 兩兩相切，故 $\overline{AB}=\overline{BC}=\overline{CA}=2r=2$（$r$ 為球半徑）

(3) $\triangle PAB$ 三邊長均為 2

(4) 即 $\triangle PAB$ 中，P 對 $\overline{AB}$ 作垂線之距離（$\overline{AB}$ 的高）：

$$\frac{\sqrt{3}}{2}\times 2=\sqrt{3}$$

(5) 如右圖

$\overline{PA}=\overline{PB}=\overline{PC}=\overline{AB}=\overline{BC}=\overline{CA}=2$

$\therefore \overline{PH}=\sqrt{3}$

$\overline{GH}=\dfrac{\sqrt{3}}{3}$（$G$ 為 ABC 之重心）

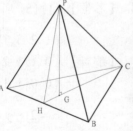

$\therefore \overline{PG}=\sqrt{3-\dfrac{1}{3}}=\dfrac{2\sqrt{6}}{3}$

而平面 ABC 至 xy 平面距離為 1

$\therefore P$ 到 xy 平面距離為 $1+\dfrac{2\sqrt{6}}{3}$

故選 (1)(2)(4)

10. 【答案】 (1) (2) (4) (5)

　　【解析】 (1) $f(3) = a^3 = 6$ 　∴ $\log_a 6 = 3$

　　　　　　$\Rightarrow \log_a 36 = 2\log_a 6 = 6$ 　　正確

　　　　　(2) $\dfrac{f(238)}{f(219)} = \dfrac{a^{238}}{a^{219}} = a^{19}$ ， $\dfrac{f(38)}{f(19)} = \dfrac{a^{38}}{a^{19}} = a^{19}$ ∴等式成立

　　　　　(3) $g(238) - g(219) = \log_a 238 - \log_a 219 = \log_a \dfrac{238}{219}$

　　　　　　　$g(38) - g(19) = \log_a \dfrac{38}{19}$ 　　∵ $\dfrac{238}{219} \neq \dfrac{38}{19} = 2$

　　　　　　∴ 等式不成立

　　　　　(4) ∵ $a > 1$ 　∴ $g(x) = \log_a x$ 爲「嚴格遞增函數」

　　　　　　∴ $m = \dfrac{g_P - g_Q}{x_P - x_Q} > 0$（若 $x_P > x_Q$ 則 $g_P > g_Q$；

　　　　　　若 $x_P < x_Q$ 則 $g_P < g_Q$）　　⇒斜率必正

　　　　　(5) $y = 5x$ 與 $y = \dfrac{1}{5} x$ 跟 $y = f(x)$ 與 $y = g(x)$ 對稱於 $x = y$

　　　　　　∴ 若 $y = 5x$ 與 $y = f(x)$ 有 2 個交點

　　　　　　則對稱後的 $y = \dfrac{1}{5} x$ 與 $y = g(x)$ 還是有 2 個交點

　　　　故選 (1)(2)(4)(5)

11. 【答案】 (2) (4)

　　【解析】 此多項式即爲 $f(x) = (x-1)(x-2)(x-5) + x$

　　　　　(1) $x \leq 0 \rightarrow (x-1)(x-2)(x-5) < 0$，

　　　　　　$x \leq 0 \rightarrow f(x)$ 恆 < 0 　　∴ 無實根

　　　　　(2) $f(0) = -10 < 0$， $f(1) = 1 > 0$， $f(2) = 2 > 0$，

$$f(3) = -1 < 0，\ f(4) = -2 < 0，\ f(5) = 5 > 0$$

∴在 (0,1) (2,3) (4,5) 有實根

(3) $x > 0 \rightarrow (x-1)(x-2)(x-5) > 0$，

$\quad x > 0 \rightarrow f(x)$ 恆 > 0　　∴ 無實根

可得實根在 (0,1) (2,3) (4,5) 三個區間

故僅 (2)(4) 符合　　故選 (2)(4)

第二部份：選填題

A.【答案】⑫ 1　⑬ 4

　　【解析】$2\log_x 2 - \log_2 x = 1$　　$\because \log_x 2 = \dfrac{1}{\log_2 x}$

　　　　代入 $\Rightarrow 2 \times \dfrac{1}{\log_2 x} - \log_2 x = 1$

　　　　令 $t = \log_2 x < 0$（ $\because 0 < x < 1$ ）

　　　　則 $\dfrac{2}{t} - t = 1$　　$\Rightarrow -t^2 + 2 = t$　　$\Rightarrow t^2 + t - 2 = 0$

　　　　$t = 1$（不合）或 -2　　$\log_2 x = -2 \rightarrow x = 2^{-2} = \dfrac{1}{4}$

B.【答案】⑭ －　⑮ 1　⑯ 1　⑰ 2

　　【解析】如右圖

　　　　$\overrightarrow{PA} = \overrightarrow{PC} + \overrightarrow{CA}$ ⋯⋯ (1)

　　　　$\overrightarrow{PQ} = \overrightarrow{PC} + \overrightarrow{CQ} = \overrightarrow{PC} + \dfrac{1}{3}\overrightarrow{CA}$ ⋯⋯ (2)

　　　　$3 \times (2) - (1)$

　　　　$\Rightarrow \overrightarrow{BC} = 2\overrightarrow{PC} = 3\overrightarrow{PQ} - \overrightarrow{PA} = (3,15) - (4,3) = (-1,12)$

C. 【答案】⑱ 7　⑲ 9

　　【解析】$\dfrac{76\times15-92-45-55}{15-3}=\dfrac{76\times15-192}{12}=95-16=79$

D. 【答案】⑳ 1　㉑ 6　㉒ 0　㉓ 0

　　【解析】∵ a_{13} 為等差中項

　　　　　∴ $64\times25=1600$

E. 【答案】㉔ 1　㉕ 2　㉖ 1　㉗ 3　㉘ －　㉙ 5　㉚ 1　㉛ 3

　　【解析】如右圖

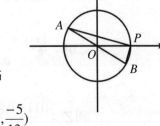

　　　　　∵ $\angle APB$ 為直角

　　　　　∴ $\overline{AB}$ 為直徑

　　　　　⇒ 通過原點且原點為 $\overline{AB}$ 中點

　　　　(法一) 對稱的概念　⇒ $B\ (\dfrac{12}{13},\dfrac{-5}{13})$

　　　　(法二) 原點為中點 $\dfrac{A+B}{2}=(0,0)$

　　　　　　　∴ $B=-A=(\dfrac{12}{13},\dfrac{-5}{13})$

　　　　(法三) $\overrightarrow{AO}=\overrightarrow{OB}=(\dfrac{12}{13},\dfrac{-5}{13})=B-O$

　　　　　　　∴ $B=(\dfrac{12}{13},\dfrac{-5}{13})$

F. 【答案】 ㉜ 2　㉝ 5

　　【解析】 $4 \times 3 \times 3$　—　$1 \times 3 \times 1$　—　$3 \times 1 \times 3$　+　$1 \times 1 \times 1$

　　　　　　（全部）　　　（紅帽灰鞋）　（白衣非藍帽）　（紅帽白衣灰鞋）

　　　　　　$= 36 - 3 - 9 + 1 = 25$

G. 【答案】 ㉞ 8　㉟ 7　㊱ 1　㊲ 4

　　【解析】 (法一) 厲害同學的解法

$$11 - \frac{67}{14} = \frac{87}{14}$$

(法二) 設 n 號有 a_n 顆，則

甲：$\dfrac{1 \times a_1 + 2 \times a_2 + 3 \times a_3 + \cdots + 10 \times a_{10}}{a_1 + a_2 + a_3 + \cdots + a_{10}} = \dfrac{67}{14}$

而乙：$\dfrac{(11-1) \times a_1 + (11-2) \times a_2 + \cdots + (11-10) \times a_{10}}{a_1 + a_2 + a_3 + \cdots + a_{10}}$

$= \dfrac{11(a_1 + a_2 + \cdots + a_{10}) - (1 \times a_1 + 2 \times a_2 + \cdots + 10 \times a_{10})}{a_1 + a_2 + a_3 + \cdots + a_{10}}$

$= 11 - \dfrac{1 \times a_1 + 2 \times a_2 + 3 \times a_3 + \cdots + 10 \times a_{10}}{a_1 + a_2 + a_3 + \cdots + a_{10}}$

$= 11 - \dfrac{67}{14} = \dfrac{87}{14}$

H.【答案】㊳ 1　㊴ 2

【解析】如右圖

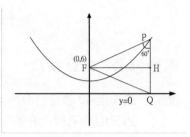

由定義得知 $\overline{PF} = \overline{PQ}$，

連接 $\overline{FQ}$

可知 $\triangle FPQ$ 為正三角形

（頂角 60° 之等腰三角）

由 F 作 $\overrightarrow{PQ}$ 之垂線交於 H

則 H 為 $\overline{PQ}$ 之中點

而 H 之 y 座標為 6　∴P 之 y 座標為 $b = 12$

I.【答案】㊵ 5　㊶ 3

【解析】$\overline{BC} = \sqrt{9 + 25 - 2 \times 3 \times 5 \times -\dfrac{1}{2}} = 7$

∴$\overline{BM} = \dfrac{7}{2}$

$2 \times [\overline{AM}^2 + (\dfrac{7}{2})^2] = 3^2 + 5^2 = 34$（中線定理）

$\Rightarrow \overline{AM}^2 + \dfrac{49}{4} = 17$　$\Rightarrow \overline{AM} = \dfrac{\sqrt{19}}{2}$

$\cos \angle BAM = \dfrac{3^2 + (\dfrac{\sqrt{19}}{2})^2 - (\dfrac{7}{2})^2}{2 \times \dfrac{\sqrt{19}}{2} \times 3} = \dfrac{1}{2\sqrt{19}}$

$\tan \angle BAM = 5\sqrt{3}$

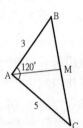

九十六年大學入學學科能力測驗試題
社會考科

第壹部分（佔 84 分）

說明：第 1 至 42 題皆計分。第 1 至 42 題皆是單選題，請選出一個最適當的選項標示在答案卡之「選擇題答案區」。每題答對得 2 分，答錯不倒扣。

1. 唐宋間庶民文化崛起，此一現象與下列何者關係最密切？
   (A) 人民心態的調整
   (B) 社會團體的活躍
   (C) 經濟結構的變化
   (D) 生活方式的改變

2. 清初某人參加一個組織，該組織的成員來自各地，爲了互相幫助，彼此以兄弟相稱，要「準星辰爲弟兄，指天地爲父母」。成員都遵守規範，不隨意洩露組織消息。這個人最可能的身分爲何？
   (A) 運河線上的船伕
   (B) 成都大街上的店家
   (C) 山西鄉下的農民
   (D) 蒙古邊市中的駝商

3. 幾位學者討論某個時期的儒學，多數認爲這個時代的儒學已經失去創造力，表現出衰微的傾向。但也有人認爲：「這個時代的儒學，在思想層次或許是衰落了，但在規畫政治組織與統治政策的治術方面，卻大獲全勝。」這些學者討論的是哪個時代的儒學？
   (A) 秦漢　　　　　　　　　　(B) 魏晉
   (C) 兩宋　　　　　　　　　　(D) 明清

4. 某人準備出門旅行，先到城中購買相關書籍。書肆中陳列著各種
   指南、地圖及日常生活有關的百科全書。這些書中不僅有交通路
   線，甚至有煙草、海外奇珍等的介紹。這個現象最早可能出現在
   下列哪個時期？
   (A) 宋代　　　　(B) 明代　　　　(C) 清代　　　　(D) 民初

5. 有一位臺灣原住民敘述他的家族史：「祖先原來住在群山萬嶺之
   中，但來了一群『新的統治者』，強迫族人遷移到較低海拔的地
   區，集中居住。生活環境改變了，族人一直受到瘧疾、霍亂等新
   疾病的侵襲，部落裡的巫醫全都束手無策。」這些「新的統治
   者」是指：
   (A) 荷蘭東印度公司官員　　　(B) 福建省臺灣府官員
   (C) 臺灣總督府民政長官　　　(D) 臺灣省政府民政廳

6. 某官員批評：「自從決議要開山以後，蕃亂不止，已有十多年了，
   剿也無功，撫也無效。提到開墾，也沒有新增任何土地可以增加
   政府稅收。至於防守，只是為了富紳土豪保護茶寮、田寮、腦寮，
   而不能禁止『兇蕃』出草，每年浪費許多軍費。」這位官員批評
   的是哪個事件？
   (A) 清朝初期，施琅禁止粵移民來臺
   (B) 清朝後期，劉銘傳主張開闢山地
   (C) 日據初期，日本總督要征討山地
   (D) 國府遷臺，要開發山地增加糧產

7. 一位官員因為在父喪期間，讓婢女服侍他吃藥，被人檢舉違反禮
   法，因而受到清議的批評，甚至使他的仕途受阻。這位官員最可
   能處於何時？
   (A) 兩漢　　　　(B) 魏晉　　　　(C) 隋唐　　　　(D) 宋明

8. 一位美國總統宣示：「臺灣依開羅宣言及波茨坦宣言，早已於日本投降後交還中國。」他並表示美國並無強佔臺灣的意圖，也不想在臺灣建立軍事基地，或干涉現狀；但宣示後不久，他又派艦隊進入臺海。導致這位總統政策轉變的最可能原因為何？

(A) 蘇聯支持中共出兵朝鮮，破壞區域和平

(B) 中國成功進行核子試爆，引起美國疑慮

(C) 美國介入導致越戰擴大，威脅日本安全

(D) 限制核武擴散談判破裂，美蘇兩國反目

9. 一位清代官員討論當時稅收制度，表示：「各省州縣地方收稅多以銅錢為主，但換成白銀交到中央。各省鹽商賣鹽也是收銅錢，交稅時卻須交白銀。原本銀價便宜，兌換時還有些利益，但現在銀價不斷上漲，每兩白銀值一千六百個銅錢。所以地方官必須墊賠，鹽商也視交稅為畏途。」為了因應這種情況，他提出解決的方法是：

(A) 官員收取的「火耗」歸公，禁止官員中飽私囊

(B) 規定收稅或買賣禁用銅錢，改用白銀以免兌換

(C) 禁止鴉片進口，避免白銀外流，解決銀價問題

(D) 改變貨幣制度，廢除銀兩，改用新式銀元紙幣

10. 學者指出：「在日耳曼民族早期，姓氏是貴族的特權，平民無姓。到了中世紀後期，由於商業活動漸趨頻繁，人與人的接觸漸增，平民逐漸有了姓氏。同樣地，古代中國的平民也沒有姓氏，直到春秋戰國以後始漸得姓。」中國平民得姓的可能背景是：

(A) 戰國以後國家通過戶籍取得賦稅徭役，因此平民有姓氏之需

(B) 和日耳曼人相同，古代中國平民得姓也來自商業活動的需要

(C) 中國平民獲得姓氏是個人行為，和外部環境的變遷沒有關聯

(D) 因為古代中國人安土重遷、慎終追遠的習慣，所以需要姓氏

11. 表一是1912年到1921年間有關臺灣的一項統計。這個表的主題應當為何？

表一

年度	1912	1913	1914	1915	1916	1917	1918	1919	1920	1921
百分比	6.63	8.32	9.09	9.63	11.06	13.14	15.71	20.69	25.11	27.22

(A) 適齡學童的就學率

(B) 家用電話的普及率

(C) 人口成長的年增率

(D) 日人佔臺灣人口比

12. 某書記載：「康熙初年，閩、浙、粤三省沿海郡縣，遷民內居，築界牆、嚴海禁，洋舶自此不得入。」下列何者解釋最合理？

(A) 閩浙粤地區受到騷擾，應當是日本倭寇引起的糾紛

(B) 海禁政策是禁止中國人出海，與清初三藩之亂有關

(C) 外國船隻不得入，應是針對來自歐洲各國的貿易商

(D) 當時鄭成功攻打各省沿海，這個政策應是針對臺灣

13. 有一個社會階級，成員原本必須要「通達儒學，取得功名」。但後來有些靠「戰功」起家的人，厚積家財後，開始模仿這個階級的行為，也興建學塾、修撰宗譜，希望美化其家世，社會上也普遍認為他們是這個階級的成員。這些以「戰功」起家的人應當是下列哪種人？

(A) 東漢初追隨光武帝建立政權的功臣

(B) 北周時參與宇文泰關隴集團的豪族

(C) 南宋初年協助官軍抵抗女真的義軍

(D) 清朝中葉協助政府平定亂事的漢人

14. 一位駐守外地的官員，趁皇帝在東北前線親征的機會舉兵造反。
他的手下爲他擘畫了三個方案：上策是儘速進入關中，中策要攻
入洛陽，下策則爲南下江淮地區。皇帝聽到有大臣興兵作亂，立
即率軍南返，敉平叛亂。這件事應發生在何時？
    (A) 秦漢　　　　(B) 隋唐　　　　(C) 宋元　　　　(D) 明清

15. 某官員指出：「國語教育不單只是語言教學，讓學生瞭解我國冠
絕世界的國體、國風，以涵養國民精神，才是最主要的目標。」
這個人的身分最可能是：
    (A) 1868年，清朝政府的禮部尚書
    (B) 1916年，袁世凱政府教育總長
    (C) 1930年，臺灣總督府文教局長
    (D) 1968年，文革時中共教育部長

16. 2006年亞太經濟合作會議（APEC），於11月12日在越南河內登場，
討論的焦點是自由貿易和北韓問題。APEC的成員中，以下列哪個
地區的會員國爲數最多？
    (A) 東亞　　　　(B) 東南亞　　　　(C) 大洋洲　　　　(D) 北美洲

17. 水平衡是指地表上某地區在一定期間內，水的收入與支出的平衡
狀態。就臺灣各地區而言，下列哪兩項是正確的區域水平衡特色？
    甲、高雄春季是剩水區
    乙、澎湖夏季是剩水區
    丙、花蓮秋季是缺水區
    丁、嘉義冬季是缺水區
    (A) 甲、乙　　　　(B) 甲、丙　　　　(C) 乙、丁　　　　(D) 丙、丁

18. 圖一是根據中國2000年人口普查資料繪製的一幅圖。該圖的圖名
　　最可能是：
　　(A) 中國各省市區的扶養比例圖
　　(B) 中國各省市區的性別比例圖
　　(C) 中國各省市區的農業人口比例圖
　　(D) 中國各省市區的都市人口比例圖

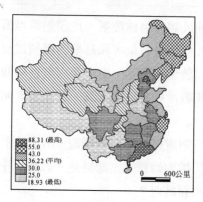

88.31 (最高)
55.0
43.0
36.22 (平均)
30.0
25.0
18.93 (最低)

0　　600公里

圖一

19. 酸雨的污染源（二氧化硫和氮氧化物）排放最多的地方在英格蘭、
　　阿帕拉契山西麓和華北地區，但酸雨最嚴重的地方卻在北歐地區、
　　美國東北部和四川盆地、雲貴高原。造成此種差異最主要原因為
　　何？
　　(A) 盛行風向　　　　　　　　(B) 地勢高低
　　(C) 日照時數　　　　　　　　(D) 晝夜溫差

20. 調查顯示：「1971-1999年，美國東部櫻花開花日期提前7天；
　　1959-1999年，歐洲秋季樹葉變色的日期延遲 4.8天；1954-1981
　　年，中國雲南西南部山區的霧日減少 75天。」下列何者最適合
　　用來解釋引文所述的現象？
　　(A) 氣候變遷　　　　　　　　(B) 生態平衡
　　(C) 山岳效應　　　　　　　　(D) 推拉理論

21. 表二為幾個國家的哺乳類生物種類數量。根據此表的資料可獲得下列哪項結論？

表二

國家	印尼	墨西哥	巴西	中國	秘魯	哥倫比亞	印度	坦尚尼亞
物種數量	515	449	428	394	361	359	350	310

(A) 赤道地區哺乳類的物種數量，比副熱帶地區少
(B) 島嶼的哺乳類物種數量，和島嶼的面積成反比
(C) 哺乳類物種數量的多寡，與濕潤程度密切關聯
(D) 南半球物種數量向高緯度遞減，較北半球明顯

22. 中山先生雖然反對盧梭的天賦人權說，指出其學說沒有事實根據，但對他「提出民權的始意」，認為是「政治上千古的大功勞」，此句話的主要意涵為何？
(A) 主張自然權利說　　　　(B) 對抗君權神授說
(C) 推翻極權的政體　　　　(D) 建立共和的政府

23. 我國憲法規定，立法委員不得兼任行政部門政務官的工作，此一規定符合哪項憲政原理？
(A) 權能區分　　　　　　　(B) 均權制度
(C) 權力分立　　　　　　　(D) 專家政治

24. 民生主義主張藉由節制私人資本與發達國家資本的手段，運用財稅政策與社會福利制度，以實現社會公平正義的目的。此種經濟措施預期獲得何種效果？
(A) 促進經濟高度發展　　　(B) 促使所得分配平均
(C) 規範經濟健全運作　　　(D) 減輕物價膨脹壓力

25. 馬克斯為建設共產社會，標榜「各盡所能、各取所需」，但中山
   先生認為馬克斯的主張不可行，其主要原因為何？
   (A) 社會主義制度過於僵化　　　(B) 人類經濟體系未盡完善
   (C) 國民道德程度未達極端　　　(D) 國民知識水準依舊低落

26. 近年學生人權意識高漲，教育部通令各中等學校取消髮禁，以保
   障學生人權。有關學生蓄髮的自由，下列敘述何者正確？
   (A) 屬於消極性的權利　　　　　(B) 屬於新興的社會權
   (C) 屬於行動自由範疇　　　　　(D) 屬於生存權的範疇

27. 理想的民主政治參與，應該是公民在資訊充分、發言機會公平均
   等的條件下，進行公共政策的理性討論。要達成上述的理想，必
   須加強中山先生主張的哪項建設？
   (A) 心理建設　　　　　　　　　(B) 社會建設
   (C) 政治建設　　　　　　　　　(D) 倫理建設

28. 依據我國憲法及增修條文的相關規定，下列何者屬於立法院的職
   權？
   (A) 議決總統、副總統的彈劾　　(B) 追認大赦特赦
   (C) 追認總統發佈之緊急命令　　(D) 議決領土變更

29. 某國舉行國會議員改選，結果由左派政黨獲勝，隸屬右派政黨的
   總統只好任命左派政黨的領導人擔任內閣總理，實施左右共治。
   從上述訊息判斷，該國的政治體制運作，下列敘述何者最為合理？
   (A) 最高行政首長為總理　　　　(B) 中央政府體制為總統制
   (C) 內閣總理向總統負責　　　　(D) 政黨體制應屬於兩黨制

30. 下列哪二項經濟政策，最符合中山先生實業計畫的主張？

   甲、鼓勵民間企業興建經營高速公路

   乙、興建商業和軍事混合使用的港口

   丙、引進跨國公司協助開發科技工業園區

   丁、協助私人金融集團併購公私金融機構

   (A) 甲、乙　　　(B) 乙、丙　　　(C) 丙、丁　　　(D) 甲、丁

31. 關於近代民族國家的形成與發展，下列敘述何者正確？

   (A) 民族國家的形成減少國家內部的衝突

   (B) 國與國戰爭隨民族國家的發展而趨緩

   (C) 政治民主是民族國家發展的主要基礎

   (D) 複合民族國家是當前主要的發展型態

32-34為題組

◎ 表三是2004年臺灣北、中、南、東四大區域的一些基本資料。
請問：

表三

區域	土地面積（平方公里）	二級產業就業人口佔總就業人口比例（%）	三級產業就業人口佔總就業人口比例（%）	耕地率（%）	水田率（%）
甲	10506	38.6	50.8	28.5	57 4
乙	10002	34.1	55.5	30.5	48.7
丙	8143	23.1	57.8	11.6	28.0
丁	7353	34.7	63.6	18.6	59. 1

32. 哪個區域的都市化程度最高？

(A) 甲 　　　(B) 乙 　　　(C) 丙 　　　(D) 丁

33. 哪個區域的稻米產量最多？

(A) 甲 　　　(B) 乙 　　　(C) 丙 　　　(D) 丁

34. 哪個區域的河川遭受工業廢水污染的情況最輕微？

(A) 甲 　　　(B) 乙 　　　(C) 丙 　　　(D) 丁

35-36為題組

◎ 照片一為某種類型的海岸照
片，照片的上方為北方。
請問：

35. 該海岸附近的海流，最主要
的流向為何？
(A) 自南向北流
(B) 自北向南流
(C) 自東向西流
(D) 自西向東流

照片一

36. 照片一所示的海岸類型，在
下列臺灣哪兩個縣最普遍？
(A) 桃園、新竹 　　　(B) 臺中、彰化
(C) 嘉義、臺南 　　　(D) 屏東、臺東

37-38為題組

◎ 圖二為臺灣某地的等高線地形圖，圖中每一方格的實際面積為
　1 平方公里。請問：

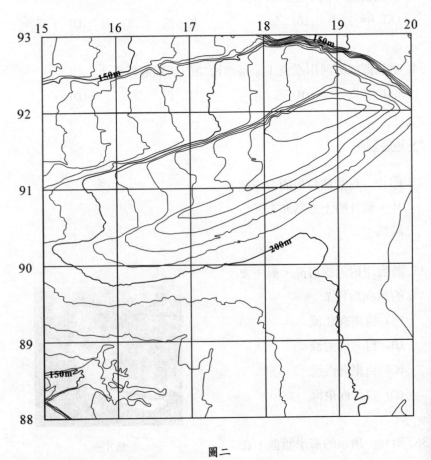

圖二

37. 該圖的比例尺為何？
 (A) 十萬分之一　　　　　　(B) 五萬分之一
 (C) 二萬五千分之一　　　　(D) 一萬分之一

38. 圖中海拔最高的地方可能出現在下列哪個方格內？
    (A) 1891　　　　　　　　(B) 9016
    (C) 1588　　　　　　　　(D) 9216

39-40為題組

◎ 中國自1978年以來經濟快速成長，石油、煤、水力和天然氣等四
　 種能源消耗大幅增加。圖三是四種能源消耗比重的變化圖。請問：

39. 圖中哪兩種能源以華南地區
    和華中地區的蘊藏量最富？
    (A) 甲、丙
    (B) 乙、丁
    (C) 乙、丙
    (D) 丙、丁

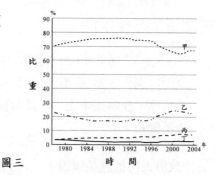

圖三

40. 圖中哪一種能源，中國生產不足以供應目前國內需求，最需優先
    從國外大量進口？
    (A) 甲　　　　(B) 乙　　　　(C) 丙　　　　(D) 丁

41-42為題組

◎ 某國政府為因應社會與政治環境變化，實施下列新政策：
　 甲、排除受禁治產宣告的國民之參政權利
　 乙、少數民族在各級議會代表席次的保障
　 丙、立法禁止雇主要求懷孕婦女輪值夜班
　 丁、立法規定妻子須以丈夫之住所為住所
　 戊、外籍配偶成為國民時應先受識字教育
　 己、關閉偏遠迷你小學以節省財政的支出
　 請問：

41. 上述政策中,哪些「違反」真平等的精神?
    (A) 甲、丙、丁
    (B) 乙、丙、己
    (C) 乙、丁、戊
    (D) 丁、戊、己

42. 哪些政策的實踐,是中山先生「革命民權說」精神的最佳例證?
    (A) 甲、乙
    (B) 乙、丙
    (C) 丙、丁
    (D) 丁、戊

第貳部分 (佔48分)

說明: 第43至72題共30題,答對24題以上(含24題),第貳部
　　　分即得滿分。第43至72題皆是單選題,請選出一個最適當
　　　選項標示在答案卡之「選擇題答案區」。每題答對得2分,答
　　　錯不倒扣。

43. 一位政治人物批評某國說:「我們正目睹一個危機,『該國』在
    這危機中,對經濟秩序的需求與對政治秩序的需求互相衝突。過
    度中央集權使經濟成長持續萎縮,軍事生產則大增。」這裡的「
    該國」是指何國?
    (A) 1945年的法國
    (B) 1960年的西德
    (C) 1980年的蘇聯
    (D) 1995年的中國

44. 一個人回憶:「每個月初,父親領到薪水,先付清房租及雜費。
    第二天一清早,全家趕赴賣場,大肆採購乳酪、火腿、馬鈴薯等,
    將所有的錢花費在不易腐敗的食物上。總之,我們會將一個月的
    存糧準備好,接著整整一個月身無分文。」這種場景最可能發生
    在何時何地?
    (A) 1782年的巴黎市
    (B) 1814年的維也納
    (C) 1923年的柏林市
    (D) 1968年的莫斯科

45. 某國政治人物在1951年時呼籲：「我國已經無法再以一己之力，承擔地中海地區的政治責任，也無法主導當地的外交事務。我們必須與他國合作，才能處理埃及或蘇彝士運河的問題。」這位說話者的身分應當是：
(A) 英國國會的反對黨領袖
(B) 美國國家安全部門主管
(C) 法國執政黨外交事務官
(D) 蘇聯的國家情報局主管

46. 「西公園」闢建於1915年，園中立有一個紀念日俄戰爭的海軍紀念碑和忠靈碑，1948年以後更名為「勝利公園」。這個公園應當位於何處？
(A) 長春　　　(B) 平壤　　　(C) 釜山　　　(D) 東京

47. 19世紀中，英國開始改革選舉制度，除先後大幅放寬選舉人的限制，也調整選區。1840年代，一位具有選舉權的倫敦市民最先可以選舉下列何者？
(A) 倫敦市長　(B) 下院議員　(C) 上院議員　(D) 首相

48. 一本介紹戰爭的著作指出：「這場戰爭用了當時最先進的各種技術，不但槍枝射程有極大的改善，還用火車、輪船來運送軍隊，也有攝影師將戰爭的場景登載於報刊，引起各國輿論的注意。許多軍人在戰場上因為衛生條件太差，死傷甚為嚴重，還因此促成了軍醫制度的發展。」這種場景最早可能發生在下列哪場戰爭中？
(A) 1800年前後拿破崙戰爭
(B) 1854年的克里米亞戰爭
(C) 1894年的中日甲午戰爭
(D) 1914年第一次世界大戰

49. 何先生出生於臺中，幼年時就讀於當地的公學校，後來轉到東京求學。有一天，他看到報上登出某地新成立的政府因與日本關係密切，急需日語教學人才；由於他的語言較無問題，願意應徵，

也立刻被錄用。他從東京火車站出發，兩天就到達該地，在當地中學教了好幾年日語，晚上還兼差，教當地官員及家眷日語。直到第二次世界大戰結束之後，他才回到臺灣。何先生這幾年的教學生涯最可能是在哪裡度過？

(A) 瀋陽   (B) 琉球

(C) 曼谷   (D) 新加坡

50. 有位作家回憶：「參訪這座城市時，經濟情況相當惡劣，正在執行第二個五年經濟計畫。三十歲以上的人，還懷念帝國時代的安適生活、歐洲大陸的富強繁盛；三十歲以下的人，對往日的安定、富庶感受不深，也無法接觸到國外的事物。此外，私人財產均遭沒收，一切收歸國有。」這位作家描述的情況是：

(A) 1850年的巴黎市   (B) 1900年的維也納

(C) 1930年的莫斯科   (D) 1980年的柏林市

51. 德國政府說：「美國人對世界文明的唯一貢獻就是發明了口香糖及可口可樂。」同一時期，日本政府宣傳：「進口可口可樂就等於進口了美國社會的病毒。」這種說法應是何時出現？

(A) 1917年美國宣布對德作戰時

(B) 1942年太平洋戰爭爆發之後

(C) 1973年石油經濟危機發生時

(D) 1990全球討論關稅協定之後

52. 一本書中提到：「從上海到南寧最快的方法，先要乘大輪船到香港，接著乘廣九鐵路到廣州，再轉到三水，從三水坐輪船到梧州。從梧州到南寧只有小火輪可乘，要走三天。如果能搭上單引擎飛機，只要幾個小時就可以從南寧到廣州。」這種交通條件最可能出現在何時？

(A) 1870年   (B) 1900年   (C) 1930年   (D) 1960年

53. 「這裡非常寒冷荒涼，也很乾燥。由於氣候乾燥，牧場面積必須很大才有足夠草料飼養羊群；遠處的山麓地帶，有美麗的湖泊和冰河。」以上這段描述，最可能是美洲下列哪個地區的寫照？
   (A) 巴西高原　　　　　　　　(B) 拉布拉多高原
   (C) 哥倫比亞高原　　　　　　(D) 巴塔哥尼亞高原

54. 「這個地區的河流都靠降雨來補給流量，冬季水流湍急，夏天河床則成為乾枯空曠的道路。」文中描述的地區最可能位於下列何地？

(A)
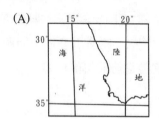

(B)
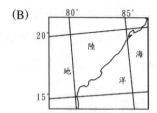

(C)
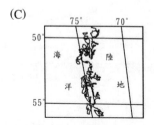

(D)
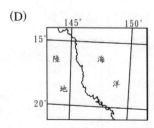

55. 照片二為某一都市的照片。該都市所屬氣候區最可能出現哪一項特徵？
   (A) 日夜的溫差大
   (B) 冬夏風向相反
   (C) 年雨量變率小
   (D) 春夏多龍捲風

照片二

56. 大法官會議最近對「性資訊流通」處以妨害風化罪所引發的爭議作出解釋，主張法律適度限制性資訊的流通，並不違憲。依據上述訊息判斷，該解釋文所持的最主要論點是：
    (A) 性資訊流通不在出版自由保障的範圍之內
    (B) 加重刑罰能有效遏止性資訊流通日趨氾濫
    (C) 性資訊的事前審查可以防止妨害社會風化
    (D) 保障性言論應考量社會多數共通之性價值

57. 圖四是某國在2000年至2004年間，育齡婦女平均生育子女數的變遷情形。學者指出此種變遷趨勢若持續下去，將會引發社會問題。依據圖中訊息判斷，下列何者為這種變遷趨勢最可能直接引發的問題？
    (A) 販賣人口逐漸增加
    (B) 家庭價值趨於瓦解
    (C) 勞動人口負擔加重
    (D) 教育品質日益低落

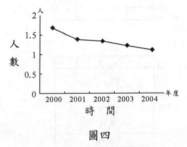

圖四

58. 根據統計，國內使用網際網路的人口急速攀升，網際網路的便利確實為現代社會帶來一些正面的影響。下列敘述何者最能顯示網際網路在臺灣社會的正面功能？
    (A) 可減少人際衝突並提升互動的品質
    (B) 提供弱勢團體連結爭取權益的機會
    (C) 可解決大眾資源社會階層化的問題
    (D) 提供的是最迅速確實的第一手訊息

59. 表四為某國近十餘年來社會變遷的相關統計資料。根據表中的資料，對於該國經濟、教育因素與社會運動之間的關係，下列推論何者最正確？

表四

年代	1990	1995	2000	2005
社會抗爭事件次數	152	358	1012	748
國民平均受教育年數	3.8	6.2	10.7	13.8
失業率（％）	2.9	3.0	5.1	4.8
國內實質生產毛額（美元/人）	5,000	8,000	13,000	15,000

(A) 失業率的驟升可能使社會抗爭事件激增
(B) 低國民所得是產生社會抗爭事件的主因
(C) 社會抗爭隨著國內生產毛額提高而加劇
(D) 社會抗爭事件隨著教育水準提高而增加

60. 近年來許多學者提倡發展「知識經濟」，下列何者最能反映出「知識經濟」的意義？
(A) 經濟發展主要依賴菁英教育
(B) 教育應致力於知識的企業化
(C) 教育應提升國民的經濟知識
(D) 教育是一種人力資本的投資

61. 圖五為某國社會階層調查中，1000位具有研究所學歷的受訪者及其父親的社會階層分布百分比圖。依據圖中資料顯示，該國教育因素、社會階層與社會流動之間的關係，下列解釋何者最正確？
(A) 該國水平社會流動情形十分普遍
(B) 受教育有助於該國人民向上流動
(C) 該國的中下階層缺乏受教育機會
(D) 個人社會階層深受父親背景影響

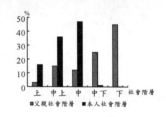

圖五

62. 關於臺灣近年來社會變遷對家庭的影響，下列敘述何者最正確？
    (A) 國民教育蓬勃，取代家庭原有的社會化功能
    (B) 福利政策擴張，免除了家庭照護長者的負擔
    (C) 性別平權落實，配偶平等分擔家庭勞務工作
    (D) 產業結構改變，家庭不再是主要的生產單位

63. 人權團體批評某些國際知名品牌球鞋製造商，以極微薄的工資剝
    削開發中國家的勞力，消耗當地天然資源，最後卻獨享高額利潤。
    上述人權團體的批評，最可能是基於哪個觀點？
    (A) 跨國企業品牌經營觀點
    (B) 全球化的資源整合觀點
    (C) 核心與邊陲的分工觀點
    (D) 國家的現代化發展觀點

64-66為題組

◎ 圖六為四個都市的氣溫雨量分布圖。請問：

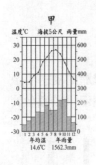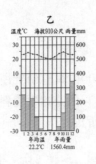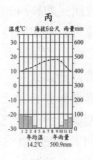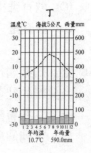

圖六

64. 哪個都市最可能位於季風氣候區內？
    (A) 甲　　　　(B) 乙　　　　(C) 丙　　　　(D) 丁

65. 咖啡栽培最可能出現在哪個都市代表的氣候類型區內？

(A) 甲　　　　(B) 乙　　　　(C) 丙　　　　(D) 丁

66. 哪個都市代表的氣候類型因雨季和生長季不一致，農業發展最需灌溉？

(A) 甲　　　　(B) 乙　　　　(C) 丙　　　　(D) 丁

67-68為題組

◎ 表五為英國、美國、日本和印度四個國家1870年至2000年各級產業人口比例（％）的變化資料。請問：

表五

國家	時間 產業	1870	1913	1950	2000
甲	第一級產業	74	72	70	58
	第二級產業	15	12	8	16
	第三級產業	11	16	22	25
乙	第一級產業	86	60	48	5
	第二級產業	6	18	26	31
	第三級產業	9	22	27	63
丙	第一級產業	23	12	5	2
	第二級產業	42	44	49	25
	第三級產業	35	44	46	73
丁	第一級產業	50	28	12	3
	第二級產業	24	30	35	23
	第三級產業	26	43	54	75

67. 哪個國家位於西歐？

    (A) 甲   (B) 乙   (C) 丙   (D) 丁

68. 哪兩個國家的種族最複雜、語言和宗教最多元？

    (A) 甲、乙   (B) 甲、丁   (C) 乙、丙   (D) 丙、丁

69-70為題組

◎ 圖七為歐洲四種農業類型的分布圖。請問：

69. 哪種農業類型的經營集約程度最高？

    (A) 甲

    (B) 乙

    (C) 丙

    (D) 丁

圖七

70. 下列哪種農業經營模式，最能說明圖中乙農業類型的特徵？

(A)
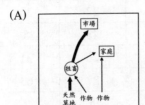

(B)
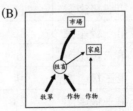

(C)

(D)
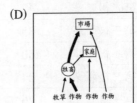

<u>71-72為題組</u>

◎ 圖八是某國1948年至2004年國會議員選舉的兩種投票率變動曲線
圖。請問：

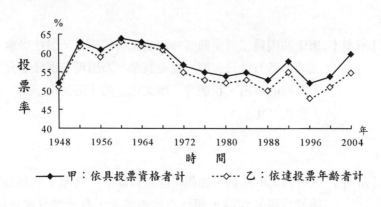

圖八

71. 哪條曲線可以正確顯示該國歷年的投票率？

(A) 甲為正確　　　　　　　(B) 乙為正確

(C) 兩者皆可　　　　　　　(D) 無法判定

72. 從圖中的訊息來推論，造成甲、乙統計曲線差異的原因，最可能
是下列何者？

(A) 完成選民登記的人數降低

(B) 政治冷漠的成年人口增加

(C) 成年的新移民之人數增加

(D) 法律規定的投票年齡降低

96年度學科能力測驗社會科試題詳解

第壹部分

1. **C**

   【解析】 唐宋間因為工商業興盛－經濟結構的變化，這些從事
   工商業者有錢又有閒，需要娛樂，乃出現有別於士大
   夫階層的茶道、花道等「雅文化」的「俗文化」或
   「庶民文化」。

2. **A**

   【解析】 運河線上的船伕參加的可能是青幫，「青幫」相傳創
   始於清雍正年間，朝廷為加強漕運，有天地會會員組
   成「清幫」，由於成員用青布扎頭，後來稱「青幫」，
   有時也稱「漕幫」。

3. **B**

   【解析】 魏晉南北朝「儒學在思想層次或許是衰落，但在規畫
   政治組織與統治政策的治術方面，卻大獲全勝」，因
   為魏晉南北朝儒學衰微，盛行道家為主的「玄學」，
   但創行許多制度為後世沿用，如三省六官制、均田制、
   府兵制等，北周採用「周禮」創六官制。

4. **B**

   【解析】 煙草、玉米、蕃薯等是明代中葉（地理大發現後）傳
   入中國，明代有一部科技百科全書－宋應星（中國狄
   得羅）的「天工開物」。

5. **C**

　　【解析】　臺灣位於亞太樞紐，除瘧疾外多數的傳染病如傷寒、
　　　　　　　霍亂、鼠疫都是入港時船上人員帶來的；「台灣鼠疫」
　　　　　　　最早在 1895 年被檢疫出來，「新的統治者」指日治時
　　　　　　　期臺灣總督府民政長官；臺灣衛生的整頓，關係日本
　　　　　　　在台灣的經營，因此日治時代臺灣的基礎建設，首重
　　　　　　　衛生工程；從培訓醫療人員、設置公立醫療機構、建
　　　　　　　設地下水道開始，並強制民眾接受預防注射等。

6. **B**

　　【解析】　清末同治光緒年間沈葆楨來台灣後，開始開闢山路、
　　　　　　　安撫原住民，留下東西向三條道路；劉銘傳接著開山
　　　　　　　撫番，故有此段「自從決議要開山以後，蕃亂不止，
　　　　　　　已有十多年了，剿也無功，撫也無效」的批評。

7. **B**

　　【解析】　魏晉南北朝時期是中國歷史上禮學極為發達的時代，
　　　　　　　當時面臨「情」與「禮」衝突的問題，故有人「被人
　　　　　　　檢舉違反禮法，因而受到清議的批評」。

8. **A**

　　【解析】　1950 年韓戰爆發，蘇聯支持中共出兵朝鮮，破壞區域
　　　　　　　和平；美國杜魯門總統派第七艦隊協防台灣，並提供軍
　　　　　　　經援助，為台灣帶來轉機－如「西安事變」救了共產黨，
　　　　　　　韓戰則救了國民黨，韓戰成為國民黨的「西安事變」。

9. **C**

　　【解析】　清代「銀價不斷上漲」的關鍵是鴉片非法進口太多，
　　　　　　　使物價不斷上漲；解決的方法當然是「禁止鴉片進口，
　　　　　　　避免白銀外流」。

10. **A**

【解析】 西周封建制度下，「貴者有氏，賤者有名無氏」；戰國
後因封建制度崩解，農民成爲國家租稅的對象，國家
展開「編戶齊民」，同時因社會流動，布衣可以爲卿
相，姓氏分野逐漸泯除，平民獲得姓氏。

11. **A**

【解析】 (B) 台灣早期電話並不普及，公用電話成了最佳的替代
方式，自1949年向美國購入投幣式公用電話機10部
開始。

(C) 日治時期在1905年後，每隔五年舉辦的戶口調查顯
示台灣人口在日治時期呈現 0.988％－2.835％ 間的
年自然增加率；1905年台灣總人口約有303萬人，
到 1940 年則約 587 萬。

(D) 日本移民台灣人口約從 5 萬人增至 30 萬人，比例
從 1.8％ 升至 5.32％，沒有如考題那麼高。

12. **D**

【解析】 清初爲消滅反清勢力如鄭成功等頒布海禁令，嚴禁商
民船隻私自出海。鄭成功攻取臺灣，清廷再頒「海禁
令」，遷粵、閩、浙、蘇、魯沿海五省居民三十至五十
里，盡燒民居及船隻。

13. **D**

【解析】 明清通過考試成爲生員（秀才）、舉人和進士者，統
稱爲「仕紳」；明清要成爲仕紳，除科舉功名的途徑
外，也可以透過其他管道如捐納、保舉、軍功而獲
得；十九世紀中葉後以仕紳爲核心的地方勢力興起：
地方仕紳常常組成地方防衛團體，如太平天國、捻亂
等民變，靠著湘軍、淮軍等地方軍隊而平定。

14. **B**

【解析】 隋煬帝大業九年 (612年) 煬帝再次親征高麗，隋軍攻打遼東城，煬帝接到禮部尚書楊玄感叛變的消息，於是迅速退兵，趕回洛陽，平定楊玄感之亂。

15. **C**

【解析】 日治時期在台灣推動國語運動－推廣日語日文：教育程度低者在各地設立國語講習所；教育較高者有「國語家庭」獎勵法；取消報紙中的漢文欄，廢止學校中的漢文課；其目標「讓學生瞭解我國冠絕世界的國體、國風，以涵養國民精神」，讓台灣人認同日本，達到同化台灣的目的。

16. **B**

【解析】

亞太經濟合作會議（APEC）會員國	亞　洲	1. 東亞：中國、香港、日本、南韓 2. 東南亞：越南、泰國、馬來西亞、汶萊、菲律賓、印尼、新加坡、台灣
	美　洲	美國、加拿大、墨西哥、智利、秘魯
	大洋洲	巴布亞新幾內亞、紐西蘭、澳洲
	歐　亞	俄羅斯

17. **C**

【解析】

台灣	23.5°N為界（一月18°C）	副熱帶季風	冬溫<18°C，四季有雨，雨量較豐。
		熱帶季風	冬溫>18°C，乾雨季各半年，夏雨多乾。
	夏、秋兩季有颱風		

台灣：夏秋剩水、冬春缺水。

甲、高雄春季缺水。

丙、花蓮秋季剩水。

18. **D**

【解析】 1. 沿海的北京、天津、上海、廣
州等大都市所在地區的人口比例最高。

2. 東北地區因農業機械化，為全國農業人口比例最低
區，也因工業化帶來都市化，都市人口比例高於全
國平均值。

19. **A**

【解析】 1. 英格蘭、阿帕拉契山西麓的污染源，受盛行西風影
響，吹送至北歐、美國東北部造成酸雨。

2. 華北地區因多季季風（西北、北、東北風）的吹送，
形成四川、雲貴的酸雨。

20. **A**

【解析】 全球因溫室效應，氣溫上升，出現暖冬現象，使櫻花
早開、楓紅延後、霧日減少。

21. **C**

【解析】 (A) 赤道經過的國家（印尼、巴西、哥倫比亞）哺乳類
物種較副熱帶多。

(B) 表中諸國所在非島嶼。

(D) 1. 北半球國家由低緯→高緯依序排列：印尼（515）
→印度（350）→墨西哥（449）→中國（394）。

　　2. 南半球的巴西（428）與秘魯（361）、坦尚尼亞
　　　（310）所在緯度相似，表中資料無法作出此結
　　　論。

22. **B**

【解析】孫文認為盧梭用「天賦人權」對抗「君權神授」，對
　　　　當時憎惡君主專制的人心是政治上千古的大功勞。

23. **C**

【解析】憲法第75條規定：「立法委員不得兼任官吏」，「權
　　　　能區分」是解決人民與政府之間的問題，「均權制度」
　　　　是解決中央與地方政府權限的劃分，「權力分立」為
　　　　防止權力集中，「專家政治」是為實現萬能政府的方
　　　　法。

24. **B**

25. **C**

【解析】國父批評：盡所能者，其所盡未必充分之能，而取所
　　　　需者，其所取又恐為過量之需矣！乃國民道德未達極
　　　　端。

26. **A**

【解析】康慧主張每一個人都具有被他人尊重的價值與尊嚴，
　　　　由此衍生的基本權力即：個人有自由為自己做選擇的
　　　　權利，如隱私權、支配財產權，即有權要求他人不可
　　　　干涉的自由，即「消極性權利」。

27. **B**

　【解析】 中山先生之建國方略包括「孫文學說」心理建設;「民
　　　　　權初步」社會建設;「實業計劃」物質建設,而社會建
　　　　　設在教導人民集會議事種種法則。

28. **C**

　【解析】 避免國家人民緊急危難,應付財經重大變更,得經行
　　　　　政院會議決議發佈「緊急命令」,並於十日內送交立
　　　　　法院追認。

29. **A**

　【解析】 雙首長制在「左右共治」時,傾向於內閣制,此時由
　　　　　內閣總理成為最高行政首長。

30. **B**

　【解析】 實業計劃首重交通、礦業、工業之發展,並主張利用
　　　　　外資、外才。

31. **D**

32-34 為題組

32. **D**

　【解析】 都市就業人口以二、三級為主,丁區二、三級就業人
　　　　　口比例（34.7＋63.6＝98.3％）最高,故都市化程度
　　　　　最高。

33. **A**

【解析】 （土地面積×耕地率）×水田率＝水田面積

甲區水田面積：

（10506 平方公里×28.5％）×57.4％

＝1718.7 平方公里（最高）

乙區水田面積：

（10002 平方公里×30.5％）×48.7％

＝1485.6 平方公里

丙區水田面積：

（8143 平方公里×11.6％）×28.0％

＝264.5 平方公里

丁區水田面積：

（7353 平方公里×18.6％）×59.1％

＝808.3 平方公里

34. **C**

【解析】 工業就業人口以二級為主，丙區二級就業人口比例最低，故河川受污染較輕。

<u>35-36 為題組</u>

35. **B**

【解析】 堆積物由北方的陸地沿海向南方海域運積延伸，可印證海流是自北向南流。

36. **C**

【解析】 台灣西南海岸屬離水堆積的沙岸，沿海多沙洲分布。

37-38 為題組

37. **B**

【解析】 拿尺量圖中方格邊長為 2 公分,故知圖上 2 公分代表
實際 1 公里:

$$比例尺 = \frac{2 公分}{1 公里} = \frac{2}{100000} = \frac{1}{50000}$$

38. **A**

【解析】 1. 找出最高點所在的網格,
再讀出交會在該網格西南
角的座標值(1891)。
2. 本圖最高等高線為260 m。

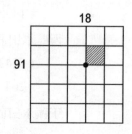

39-40 為題組

39. **D**

【解析】 中國煤和石油多產於北方,華南、華中地區以水力和
天然氣蘊藏較富。

40. **B**

【解析】 中國經濟發展,石油消費量大增,積極尋求國外油源。

41-42 為題組

41. **D**

【解析】 「真平等」就是實質平等,也就是大家謀生活、選擇
職業、受教育機會均等。

42. **B**

　【解析】　主張民國的人則享有民權，反對民國之人，不得享有。
　　　　　　帝制運動人士、割據的軍閥、貪官污吏，不得享有民
　　　　　　權，防止藉著權力破壞國家。

第貳部分

43. **C**

　【解析】　蘇聯時常重視國防工業，忽略民生經濟，故「過度中
　　　　　　央集權使經濟成長持續萎縮，軍事生產則大增」。

44. **C**

　【解析】　第一次世界大戰後德國戰敗，經濟特別蕭條，物價飛
　　　　　　漲，通貨膨脹嚴重，故「每個月初，父親領到薪水，
　　　　　　先付清房租及雜費。第二天一清早，全家趕赴賣場，
　　　　　　大肆採購乳酪、火腿、馬鈴薯等，將所有的錢花費在
　　　　　　不易腐敗的食物上」。

45. **A**

　【解析】　1936 年英埃條約英國保留對蘇彝士運河的控制權；
　　　　　　1951 年埃及推翻 1936 年英埃條約，新的政府要求英國
　　　　　　撤軍，1954 年英國同意放棄，1956 年最後一批英軍撤
　　　　　　離埃及；故英國在 1951 年時有此呼籲。

46. **A**

　【解析】　題幹中有「紀念日俄戰爭的海軍紀念碑和忠靈碑」可
　　　　　　知此一地點是在日俄戰爭的戰場附近的長春。

47. **B**

【解析】 1832 年，英國民黨執政時，國會通過改革法案，取消衰廢市鎮的「議員」名額，將之改配給新興城市；而且降低選民的財產限制，使小康的成年男人都獲得選舉權，故 1840 年代，一位具有選舉權的倫敦市民最先可以選舉「下院議員」（上院稱爲貴族院，貴族院議員直接由貴族擔任）；1832 年改革後，英國才於 1867 年、1872 年、1883 年、1884 年、1885 年又進行制度改革。

48. **B**

【解析】 在克里米亞戰爭中鐵甲船和現代的爆炸性的炮彈第一次被使用，它也是歷史上第一次壕溝戰；電報首次在戰爭中被使用，火車首次被用來運送補給和增援；這場戰爭中約 20 多萬人死亡，大多數士兵不是陣亡，而是因饑餓、營養不良、衛生條件差死於戰傷。南丁格爾改善野戰醫院的衛生條件，戰後南丁格爾在倫敦創辦第一所護士學校。

49. **A**

【解析】 由題幹「某地新成立的政府因與日本關係密切」可知不會是琉球（光緒五年已被日本併吞）、曼谷（獨立王國、不需日語）、新加坡（英國、馬來西亞統治，不需日語）。

50. **C**

【解析】 由題幹「正在執行第二個五年經濟計畫」、「私人財產均遭沒收，一切收歸國有」可知是「1930 年的莫斯科」。

51. **B**

【解析】 德國與日本第二次世界大戰（1937-1945年）結盟爲
「軸心國」對抗中、美、英、蘇，故德國與日本宣傳
品共同羞辱或消遣美國。

52. **C**

【解析】 (C) 1903年奧維爾・萊特（Orville Wright）駕駛動力
飛機起飛，開始飛機的歷史；題幹中有「單引擎
飛機」故不可選 (A)(B)；最可能是在黃金的十年
（1928-1937 年）；(D) 太晚了。

53. **D**

【解析】 (A) 巴西高原：熱帶莽原景觀
(B) 拉布拉多高原：位加拿大東北，屬溫帶大陸性氣候
(C) 哥倫比亞高原：位美國西北部，是溫帶草原氣候
(D) 巴塔哥尼亞高原：位南美阿根廷，安地斯山南段
的東側，背盛行西風，沿海有福克蘭寒流，乾燥
少雨，屬沙漠氣候，最吻合文中敘述。

54. **A**

【解析】 1. 文中描述當地多雨
夏乾，可判斷屬地
中海形氣候，故選
位 $30^{\circ} \sim 40^{\circ}$ 之間的

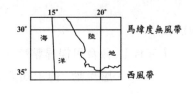

陸地，因風帶季移而形成地中海型河川特徵。

2. 附圖爲澳洲西南部。

55. **A**

　　【解析】 照片中都市附近的山麓乾燥缺乏林木，都市建築多圓頂高塔，可判斷爲中東乾燥區的某回教國，日夜溫差大是乾燥氣候特徵之一。

56. **D**

　　【解析】 釋字第 617 號解釋：憲法第 11 條，人民之出版自由，旨在取得充分資訊，實現自我之機會，而性資訊或物品之流通，在客觀上足以引起一般人羞恥心或厭惡感，有礙於社會風化者，對於和諧的社會新價值秩序，顯有危害，與憲法 23 條（社會秩序），有所衝突，立法加以管制，應屬正當。

57. **C**

　　【解析】 少子化將造成高齡化社會，將造成勞動人口負擔加重。

58. **B**

　　【解析】 網絡的便利，將使過去掌握媒體優勢的企業，開始重視由單向的播放，邁入雙向互動的媒介時代，而弱勢團體透過線上討論、留言、發表意見的方式，形成重要輿論，可影響政府重大決策。

59. **A**

60. **D**

　　【解析】 教育可提昇整體人力素質，培育國家人才，促進社會階層流動，傳承知識文化，適應社會變遷，建立正確價值。

61. **B**

　　【解析】 教育有助打破社會階層，增加社會的流動機會。

62. **D**

【解析】 家庭已從生產單位轉型為消費的基本單位。

63. **C**

【解析】 核心邊陲是依經濟的分工和政經地位所作分類，由
「權力支配」和「比較利益」作區別。
而「核心國家」大都擁有科技和雄厚的資本，如「經
濟合作開發組織」的會員國，而「邊陲國家」大多是
貧窮和以農業資源為主的國家，而兩者分工的結果經
常造成貧富差距更大。

64-66 為題組

64. **A**

【解析】 季風氣候夏季高溫（$20 \sim 28\,^{\circ}\mathrm{C}$ 上下），夏雨多乾，
甲圖最相符。

65. **B**

【解析】 咖啡適宜生長於熱帶，故選年均溫高，夏雨多乾的熱
帶莽原(乙)。

66. **C**

【解析】 丙圖夏季高溫，正值生長季，卻乾旱無雨，農業最需
灌溉（如地中海型）。

67-68 為題組

67. **C**

【解析】 西歐率先工業革命，故第二、三級產業人口比例高→
近代則以第三級產業人口比例最高。

68. **B**

【解析】 1. 美、印兩國種族複雜,語言及宗教多元。

2. 甲:印度 乙:日本 丙:英國 丁:美國。

69-70 為題組

69. **C**

【解析】 1. 歐洲混合農業的農場兼營作物種植和牲畜飼養,因土地有限,大量施肥,並使用農機補充人力之不足,故仍能維持高單位面積產量。

2. 混合農業生產的作物:①農業自用;②供應市場;③飼養牲畜出售。

故集約程度高。

70. **D**

【解析】 1. 乙區代表酪農業:溫帶濕潤氣候區,農民在狹小土地上種植牧草或飼料作物,飼養乳牛供應都市居民鮮乳或乳製品的需求。

2. 酪農業重要產區:西北歐各國、北美五大湖區和新英格蘭區。

71-72 為題組

71. **A**

72. **C**

【解析】 新移民達到投票年齡,但未必具有投票資格。

九十六年大學入學學科能力測驗試題
自然考科

第壹部分（佔 96 分）

一、單選題（佔 72 分）

說明：第 1 至 36 題為單選題，每題均計分。每題選出一個最適當的選項，標示在答案卡之「選擇題答案區」。每題答對得 2 分，答錯不倒扣。

1. 若某生態系長時間維持在草原的型態，則下列敘述何者**錯誤**？
   (A) 草原為此生態系之顛峰群落型態
   (B) 強勁的風可能是此生態系長時間維持在草原型態的主因
   (C) 豐富的雨水可能是此生態系長時間維持在草原型態的主因
   (D) 週期性的野火可能是此生態系長時間維持在草原型態的主因

請閱讀下列短文後，回答第2題

　　全世界目前已知的蜘蛛共有 3 萬 6 千種，雖然其中一半以上不會結網，但所有的蜘蛛都會吐絲，以調節其棲息環境的溫度、濕度，或把所產的卵包起來。蜘蛛大多分布在熱帶地區，台灣也擁有豐富的蜘蛛生態，但目前只有 4 百種蜘蛛的紀錄，學者估計至少還有一半以上的蜘蛛尚未被發現。

　　生態學家對台灣的高山蜘蛛進行生物多樣性調查，結果發現地面游走的蜘蛛是合歡山 (海拔高達三千公尺以上) 分布最廣者，且其中八成屬於不結網的「狼蜘科」。海拔越高，能適應環境的蜘蛛越少，且只有少數的優勢種能在這種環境中生存。環境險惡或逆境會使結網更加困難，在合歡山上，由於箭竹草原容易結霜或結冰，加上強風吹拂蜘蛛根本無法結網。

2. 下列有關本文敘述所做的推論，何者最合理？
   (A) 在三千公尺以上合歡山的優勢種生物為狼蜘科的蜘蛛
   (B) 台灣目前記錄到的四百多種蜘蛛全都會吐絲
   (C) 台灣三千公尺以上的高山上，蜘蛛因結霜及強風而不會結網
   (D) 隨著蜘蛛生長所在地高度的增加，蜘蛛種類也成等比例減少
   (E) 狼蜘科的動物有六隻腳，屬於節肢動物門，呼吸方式與魚類不同

3. 報載七星山夢幻湖因為水文狀況改變，導致陸生植被侵入，使原生活在湖中的台灣水韭數量越來越少。下列哪一種現象與前述現象最相近？
   (A) 溪頭森林遊樂區中，松材線蟲對柳杉林的危害
   (B) 演化的過程中，魚類先演化出兩生類再演化出爬蟲類
   (C) 某地先有地衣，一段時間後長出地錢，最後形成草原
   (D) 在同一生態系中，DDT 的濃度在較高級的消費者身上較高

4. 在甲、乙、丙三個島上，小地雀與中地雀鳥喙大小的分布情形如圖1，則下列推論，何者正確？
   (A) 丙島上每一隻中地雀的鳥喙都大於小地雀的鳥喙
   (B) 由甲、丙兩島各任取一隻小地雀，甲島的鳥喙都大於丙島的鳥喙
   (C) 由乙、丙兩島各任取一隻中地雀，丙島的鳥喙都大於乙島的鳥喙
   (D) 丙島的食物資源較甲、乙兩島豐富，所以演化出中地雀與小地雀
   (E) 乙島的食物資源較豐富，所以乙島上中地雀的鳥喙平均大於甲島小地雀的鳥喙

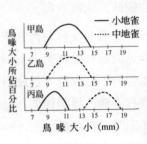

圖 1

5. 多年前一種生長快速的藤本植物自日本引進美國,植株一天可蔓延 30 公分,而且無論在河邊、樹上、電線桿、房屋或山丘都可以生長,人們想使用殺草劑來防治,但又考慮到污染水源的問題。近年來,有人由這種植物萃取澱粉,以應用在飲料、糖果、或草藥的製造,目前其產量還供不應求。此外,它還可用來造紙,具有相當的經濟價值。這種藤本植物在美國的情況,與下列哪一種生物在台灣的情況最相近?

(A) 台東蘇鐵

(B) 黑面琵鷺

(C) 非洲大蝸牛

(D) 台灣鯛 (吳郭魚)

6. 下列有關演化機制的敘述,何者**錯誤**?

(A) 天擇可以決定生物演化的方向

(B) 生物體若無變異,演化就不會產生

(C) 為了適應環境,生物體會調整變異的方向

(D) 能適應環境的個體才可以生存下來,這就是天擇

7. 在溫帶地區許多湖泊的湖面結冰時,水底生物仍能在水底安然渡過冬天,下列原因何者最合理?

(A) 生物體本身具有調節溫度的功能

(B) 湖面結冰,底層的水仍可以維持 10 $^\circ$C 以上

(C) 4 $^\circ$C 時,水的密度最大,使湖底的水不致於結冰

(D) 4 $^\circ$C 時,水的密度最大,有利於湖水的對流,使湖面與湖底的溫度一致

8. X、Y兩種微藻分別在錐形瓶中培
   養時（如圖2甲），其數量隨時間
   之變化如圖2乙，而當混和在同
   一個錐形瓶中培養時(如圖2丙)，
   其數量隨時間之變化如圖2丁。
   則在混和培養時，兩者之關係如
   何？若X生物非微藻而為一種草
   履蟲，則在混和培養時，兩者之
   關係又如何？

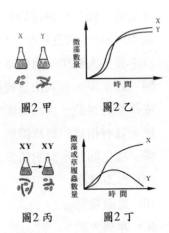

圖2甲　　圖2乙

圖2丙　　圖2丁

選項	X、Y皆為微藻時	X為草履蟲、Y為微藻時
(A)	競　爭	掠　食
(B)	掠　食	寄　生
(C)	互利共生	競　爭
(D)	互利共生	片利共生

9. 構成生物體體內的主要物質有水、醣類、蛋白質、脂質和核酸，
   還有少量的維生素及無機鹽類。這些物質與生物體的新陳代謝、
   生長、生殖、適應等生命現象有關。
   下列有關上述物質的敘述，何者**錯誤**？
   (A) 核酸是與遺傳有關的重要物質
   (B) 生物體內的醣類、脂質、蛋白質、核酸等為含碳的有機物質
   (C) 維生素是綠色植物維持生命所必要的物質，須由自然界吸收
   (D) 細胞膜主要由蛋白質及脂質所組成，可控制細胞內外物質的
       進出

10. 由重量百分比 90% 的金與 10% 的銀打造而成的皇冠，重量爲 500 公克。將它全部浸入水中時，可排開水的體積爲多少立方公分？
    (A) 17.6　　　 (B) 22.6　　　 (C) 28.1　　　 (D) 30.0

11. 一個浮在水面上的浮體，其受力的情形如圖3所示，F_B 爲浮力，W 爲重力，S_1 及 S_2 爲水對浮體的兩側壓力，P_1 爲大氣壓力，P_2 爲大氣壓力引起對浮體的上壓力；浮體對地的吸引力爲 F_A（圖3中未標示），則下列哪一對力是作用力與反作用力？

    圖3

    (A) F_A 與 F_B　　 (B) S_1 與 S_2　　 (C) P_1 與 P_2
    (D) F_A 與 W　　 (E) F_B 與 W

12. 某聲波在空氣中傳播時的頻率爲 f_1，波長爲 λ_1，當折射進入水中傳播時的頻率爲 f_2，波長爲 λ_2，則下列的關係，何者正確？
    (A) $f_1 = f_2$　　 (B) $\lambda_1 = \lambda_2$　　 (C) $f_2 > f_1$　　 (D) $\lambda_2 < \lambda_1$

13. 發電廠輸出電時，通常利用<u>超高壓變電所將電壓升高</u>（如升至 34.5萬伏特）後，將電輸送至遠方，在此傳輸過程中，其目的爲何？
    (A) 增加輸電線的電阻　　　　 (B) 增加傳輸的速率
    (C) 減小輸電線上的電流　　　 (D) 減小傳輸的電功率

14. <u>秀玉</u>有近視眼，經醫生檢查後她需配戴 500 度的近視眼鏡。此眼鏡之鏡片應爲下列何種透鏡？
    (A) 焦距爲 20 公分的凹透鏡
    (B) 焦距爲 20 公分的凸透鏡
    (C) 焦距爲 5 公分的凹透鏡
    (D) 焦距爲 5 公分的凸透鏡

15. 將足球用力向斜上方踢，球向空中飛出，若不考慮空氣阻力，則下列哪一圖可以代表球的動能 E_k 與落地前飛行時間 t 的關係？

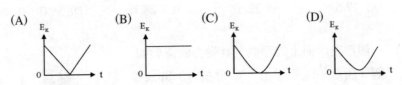

(A)　　　　(B)　　　　(C)　　　　(D)

16-17為題組

　　質量 100 公克的某固態金屬以功率為 200 瓦特的熱源加熱，測得金屬溫度 T 隨時間 t 變化的曲線如圖4 所示。根據上文及圖4，回答 16-17 題。

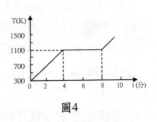

圖4

16. 在4分＜ t＜8分間該金屬的物態為下列何者？
    (A) 液態
    (B) 氣態
    (C) 固態與液態共存
    (D) 液態與氣態共存

17. 假設熱源供給的熱完全被金屬吸收，且無其他熱的散失，則該固態金屬的比熱為多少 J/kg-K？
    (A) 10　　　(B) 600　　　(C) 1000　　　(D) 4800

18. 一微波爐標示為 110V-900W，如要為此微波爐接一附有保險裝置的單獨插座，應選購電流值為若干安培的保險裝置，在使用此微波爐時較為安全？
    (A) 1　　　(B) 5　　　(C) 10　　　(D) 50

19. 下列哪一物質加熱時會固化,且燃燒時會產生具有臭味的含氮化合物?

(A) 澱粉　　　(B) 牛脂　　　(C) 蛋白質　　　(D) 乳糖

20. 關於熱塑性塑膠的敘述,下列哪一項**錯誤**?

(A) 製造原料主要為石油化學產品

(B) 加熱時軟化,冷卻時固化,具可塑性

(C) 成分分子是以離子鍵結合

(D) 通常不傳電、亦不易傳熱

21. 表1為生活中常見的三種不同狀態的純物質,甲烷、蒸餾水、與氯化鈉(食鹽)。表中數據係以絕對溫標K為單位的熔點。試問哪一組的熔點合理?

表1

選項	甲烷	蒸餾水	氯化鈉
(A)	1074	273	91
(B)	91	273	1074
(C)	273	91	1074
(D)	1074	91	273
(E)	91	1074	273

22. 已知亞佛加厥數為 6.02×10^{23}。下列哪一項所含氫的原子數最多?

(A) 3.01×10^{23} 氫分子的氫原子

(B) 5.02×10^{23} 個氫原子

(C) 8.5 克氨 (NH_3) 所含的氫原子

(D) 8 克甲烷 (CH_4) 所含的氫原子

23. 教學上有時會用電子點式來表示原子結構。下列選項中的阿拉伯數字代表質子數、「＋」代表原子核所帶的正電荷、「●」代表核外電子，則哪一項代表離子？

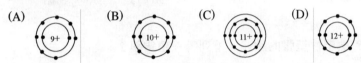

(A) 9+　　(B) 10+　　(C) 11+　　(D) 12+

24. 三支試管分別裝有稀鹽酸、氫氧化鈉溶液及氯化鈉水溶液，已知各溶液的濃度均爲 0.1M，但標籤已脫落無法辨認。今將三支試管分別標示爲甲、乙、丙後，從事實驗以找出各試管是何種溶液。實驗結果如下：

(1) 各以紅色石蕊試紙檢驗時只有甲試管變藍色。

(2) 加入藍色溴瑞香草酚藍 (BTB) 於丙試管時，變黃色。

(3) 試管甲與試管丙的水溶液等量混和後，上述兩種指示劑都不變色，加熱蒸發水份後得白色晶體。

試問甲試管、乙試管、丙試管所含的物質依序爲下列哪一項？

(A) 鹽酸、氯化鈉、氫氧化鈉　　(B) 氫氧化鈉、氯化鈉、鹽酸

(C) 氯化鈉、鹽酸、氫氧化鈉　　(D) 鹽酸、氫氧化鈉、氯化鈉

25-26爲題組

　　甲、乙、丙、丁四種氣體 (氧、氫、二氧化碳、氨) 的一些性質列如表2，回答 25-26 題。

表2

氣體	水中溶解度	水溶液性質	氣味	在標準狀況 (STP) 時與空氣密度的比值
甲	溶解一些	酸性	無	1.53
乙	微溶		無	1.11
丙	易溶	鹼性	有	0.60
丁	不易溶		無	0.07

25. 收集氣體丙時，應使用下列哪一方法最恰當？

(A)　　　　　　　　　(B)　　　　　　　　　(C)

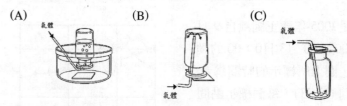

26. 甲、乙、丙、丁是什麼氣體？

(A) 甲為氧、乙為氫、丙為二氧化碳、丁為氨

(B) 甲為氨、乙為氫、丙為二氧化碳、丁為氧

(C) 甲為二氧化碳、乙為氧、丙為氨、丁為氫

(D) 甲為氧、乙為二氧化碳、丙為氨、丁為氫

27. 有五種化合物，其溶解度 (每 100 克水中，所含溶質的克數) 和溫度的關係如圖5，試問哪一化合物溶解的過程為放熱反應？

(A) $NaNO_3$　　　　　(B) $CaCl_2$　　　　(C) KCl

(D) $Na_2SO_4 \cdot 10H_2O$　　(E) Na_2SO_4

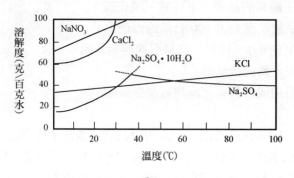

圖5

28-29為題組

　　圖 6 是2005 年龍王颱風自 9 月 30 日12：00到 10 月 3 日0：00 的颱風路徑圖，圖上所標示的時間為台灣地區時間 (月/日)，每個標示點間隔為 6 小時。根據圖6 的資料，回答 28-29 題。

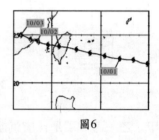

圖6

28. 下列哪一圖最能代表颱風中心氣壓自10月1日到10月3日的變化？

(A)
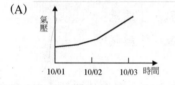

(B)
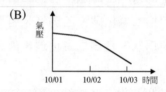

(C)
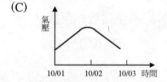

(D)
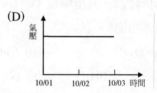

29. 有關龍王颱風的敘述，下列哪一項正確？
　(A) 生成於花蓮東方 100 公里的海面上
　(B) 發生在 9 月、10 月，容易引進西南季風
　(C) 朝東北轉向後減弱
　(D) 容易造成台灣東北部地區發生豪雨

30. 海水壓力隨著深度增加，一般的探測儀器無法承受深海的壓力。此外，海水也會吸收陽光，所以陽光不能穿透至深海。基於以上敘述，目前科學家探測海底地形，主要利用下列哪一項儀器？
　(A) 數位攝影機　　　　　(B) 回音探測系統 (聲納)
　(C) 都卜勒雷達　　　　　(D) 全球定位系統 (GPS)

31. 2006 年 12 月 26 日晚上，不到 30 分鐘之內，恆春地震站西南方 22.8 公里的海域，發生數次地震，其資料如下：

	發生時間	震央位置	地震深度	芮氏地震規模
地震1	晚上8點26分	北緯21.89度、東經120.56度	21.9公里	6.7
地震2	晚上8點34分	北緯22.40度、東經120.51度	21.3公里	6.4
地震3	晚上8點40分	北緯22.40度、東經120.51度	21.3公里	5.2

這些地震發生後，各縣市遭遇最大震度，分別如下：

縣市	屏東恆春	台東大武	花蓮市	台中市	台北市	宜蘭市	新竹竹北
最大震度	5級	4級	3級	3級	2級	2級	1級

關於此晚之地震，釋放總能量與搖晃程度的等級各為何？

(A) 總能量最大為 6.7，各地搖晃程度最大為 5
(B) 總能量最大為 6.7，各地搖晃程度最大為 1
(C) 總能量最大為 5.2，各地搖晃程度最大為 5
(D) 總能量最大為 5.2，各地搖晃程度最大為 1
(E) 總能量最大為 1，各地搖晃程度最大為 6.7
(F) 總能量最大為 1，各地搖晃程度最大為 5.2

32. 圖 7 為台灣中部某地區的東西向地質剖面示意圖，圖中顯示部分地層受到褶皺與斷層的影響。其中標示為「甲」且緊鄰雙冬的斷層，屬於下列哪一類斷層？

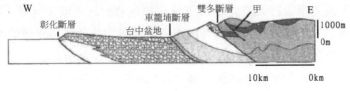

圖7

(A) 正斷層 (B) 逆斷層
(C) 平移斷層 (D) 轉形斷層

33. 若粗實線表示台灣島東北側之板塊交界，在此位置附近震源深度的分布最可能為下列何者？（·表淺源 •表中源 ●表深源）

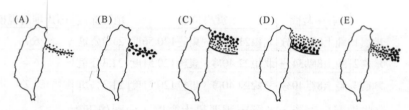

   (A)   (B)   (C)   (D)   (E)

34. 星等是天文學描述天體亮度的單位，依據星等與亮度的定義，1 星等的亮度是 6 星等的 100 倍；也就是說，亮度每差約 2.512 倍，星等則差 1 星等。目前已知滿月約為 −12 星等，太陽約為 −26 星等，則太陽的亮度大約是滿月的幾倍？
   (A) 超過 4 百萬倍　　　　　(B) 1 百萬倍
   (C) 40 萬倍　　　　　　　(D) 25 萬倍
   (E) 14 萬倍

35. 太陽是一顆穩定的恆星，能源主要來自氫融合反應，這類恆星屬於主序星。而另有一類體積約為太陽百萬倍以上的恆星，稱為超巨星。織女星的亮度為 0.01 星等，太陽的亮度為 −26 星等，參宿四的平均亮度約為 0.8 星等 (變星，星等變化範圍為 0.4-1.3)。其中織女星是藍色主序星，太陽是黃色主序星，參宿四是紅色超巨星。天文學家將天體置於 32.6 光年處所看到的亮度，稱為「絕對星等」。依據以上資料，判斷下列哪一選項的敘述是正確的？
   (A) 織女星的表面溫度最高，太陽的絕對星等數值最小
   (B) 太陽的表面溫度最高，織女星的絕對星等數值最小
   (C) 參宿四的表面溫度最高，太陽的絕對星等數值最小
   (D) 織女星的表面溫度最高，參宿四的絕對星等數值最小
   (E) 參宿四的表面溫度最高，織女星的絕對星等數值最小

36. 天文學家使用各種波段的望遠鏡進行天文觀測，例如：可見光望
遠鏡、無線電波望遠鏡、紅外線望遠鏡……等。有些望遠鏡安置
在環繞地球的軌道中，有些望遠鏡則安置在地面上。下列哪一選
項中的望遠鏡，一定要安置在太空中運作？

(A) 可見光望遠鏡、紅外線望遠鏡

(B) 無線電波望遠鏡、X光望遠鏡

(C) 紅外線望遠鏡、γ射線望遠鏡

(D) X光望遠鏡、γ射線望遠鏡

(E) 無線電波望遠鏡、紫外線望遠鏡

二、多選題（佔 24 分）

說明：第 37 至 48 題為多選題，每題均計分。每題的選項各自獨立，
其中至少有一個選項是正確的，選出正確選項標示在答案卡之
「選擇題答案區」。每題皆不倒扣，選項全部答對得 2 分，只
錯一個選項可得 1 分，錯兩個或兩個以上選項不給分。

37. 金屬原子的離子化傾向較大者較易成離子。下列與離子化傾向較
大的金屬原子相關的敘述，哪些正確？(應選二項)

(A) 較易被還原　　　　　(B) 較易被氧化

(C) 較易失去電子　　　　(D) 較易獲得電子

38. 鉛蓄電池是以鉛為負極、二氧化鉛為正極，而兩種電極均浸於稀
硫酸溶液所構成的一種電池。可用比重計測定溶液的比重，來決
定是否需要充電。鉛蓄電池在放電時，下列相關的敘述，哪些正
確？(應選三項)

(A) 稀硫酸的濃度增大

(B) 稀硫酸的濃度減小

(C) 溶液的密度增大

(D) 溶液的密度減小

(E) 正極、負極的重量都增加

(F) 正極重量減少，負極重量增加

39. 甲、乙、丙、丁爲原子或離子，其所含的質子、中子與電子的數目如表3。試單就表3的數據，判斷下列相關的敘述，哪些正確？（應選三項）

(A) 甲、乙爲同位素

(B) 乙、丙爲同位素

(C) 甲、乙、丙爲同位素

(D) 乙、丁爲離子

(E) 丙、丁爲同位素

(F) 丙爲離子

表3

	甲	乙	丙	丁
質子數	2	2	3	3
中子數	1	2	3	4
電子數	2	2	2	3

40. 甲地大氣溫度隨高度的垂直變化如圖8，圖中高度 0 公里爲海平面。有關甲地大氣溫度垂直結構的敘述，下列哪幾項正確？（應選二項）

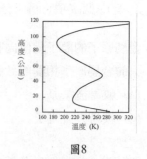

圖8

(A) 在平流層中，大氣溫度隨高度遞減

(B) 地表的大氣溫度最高

(C) 在熱氣層 (增溫層) 中，大氣溫度隨高度遞減

(D) 中氣層頂大約在 90 公里

(E) 在對流層中，大氣溫度隨高度的變化大約爲 $-6.5 /$ ℃ 公里

41. 圖 9 為一幅對北方星空的長時間曝光影像。下列有關此圖的解說，哪三項正確？【必須分別在 (A) (B) 中選一項，(C) (D) 中選一項，與(E) (F)中選一項。】

選項	周日運動方向
(A)	逆時針旋轉
(B)	順時針旋轉

選項	曝光時間
(C)	約兩小時多
(D)	約四小時多

選項	圓弧的中心
(E)	北極星
(F)	天（球）北極

圖 9

42. 圖10 為某處地質剖面，其中數字 0～9 表示地層編號，甲、乙表示地質事件編號。依據此圖回答下列各三項地質事件由先至後的發生順序為何？(應選二項)

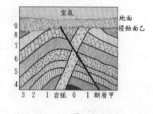

圖 10

　　(A) 地層 6 的沉積、地層 0～8 的褶皺、侵蝕面乙

　　(B) 岩脈、斷層甲、地層 6 的沉積

　　(C) 侵蝕面乙、地層 6 的沉積、地層 0～8 的褶皺

　　(D) 地層 6 的沉積、斷層甲、岩脈

　　(E) 地層 6 的沉積、岩脈、斷層甲

43. 一物體在某水平面上開始時為靜止，後來物體受一由小而大的作用力作用，其所受摩擦力與作用力的關係如圖 11 所

圖 11

示。依據圖 11,下列有關摩擦力的敘述何者正確?(應選三項)

(A) 物體受力作用後立即開始運動

(B) 作用力如圖從 O 到 P 點時,物體維持靜止

(C) 作用力如圖 P 點時,物體所受摩擦力最大

(D) 作用力如圖 P 點時,物體的加速度最大

(E) 作用力如圖從 Q 到 R 點時,物體運動的加速度越來越大

44. 科學博覽會實驗者站在塑膠凳子上,以手指接觸高達上萬伏特高電壓的金屬球,但見他頭髮直豎,人卻安然無恙。下列的物理解釋何者正確?(應選二項)

(A) 手指接觸高電壓金屬球後,頭髮帶同性電荷,所以頭髮直豎

(B) 手指接觸高電壓金屬球後,頭髮與高電壓相斥,所以頭髮直豎

(C) 手指接觸高電壓金屬球後,塑膠凳將身體電荷導入地面,故不被電擊

(D) 身體雖與高電壓金屬球等電位,但因塑膠凳將身體與地面隔絕,故不會被電擊

(E) 人體為電的不良導體,故不會被電擊

45. 將質量為 $m_甲$ 與 $m_乙$ ($m_甲 > m_乙$) 的甲、乙兩個小球,在離水平地面同一高度,分別以 $V_甲$ 與 $V_乙$ ($V_甲 > V_乙$) 的水平速度平拋出去,若不計空氣阻力,則下列的敘述哪些是正確的?(應選二項)

(A) 甲球與乙球同時落地

(B) 甲球的落地地點比乙球的遠

(C) 飛行了一秒時,甲球比乙球離地面的高度來得低

(D) 甲、乙兩球在落地前的速率均不變

(E) 甲、乙兩球在落地前的動能相同

46. 生物間的互動關係有掠食、寄生、共生、競爭等。下列選項中，
哪些敘述是<u>錯誤</u>或<u>較不符合</u>生態平衡、自然保育、永續環境及人
類生存之利益？(應選二項)
(A) 農業上可利用病蟲害的天敵來進行生物防治
(B) 應該禁止任何外來種生物 (含生物防治的生物) 的引進
(C) 一起生活的生物間常會競爭生存空間、食物、水及陽光
(D) 掠食、寄生、競爭等將造成生態系中能量流轉的不平衡
(E) 根瘤菌與豆科植物行互利共生，在植物根部進行固氮作用

47. 生態學家調查甲、乙兩種生物在地
球上的分布情形，其研究成果如圖
12，如果以此圖的結果進行推論，
則下列哪些<u>不適宜</u>？(應選三項)
(A) 乙生物的南北分布範圍顯然較
甲生物廣
(B) 在南北極都不可能有甲、乙生物的分布
(C) 北半球靠近赤道附近，甲生物的單位面
積個體數高於乙生物的個體數
(D) 緯度與台灣相近的生態環境，比較其單
位面積個體數，乙生物高於甲生物
(E) 甲生物的分布，在雨量多、陽光強，且
生長季較長的環境中單位面積個體數較多

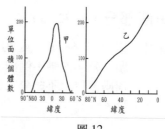

圖 12

48. 《詩經·小雅》:「螟蛉有子，蜾蠃負之，教誨爾子，式穀似之。」
文中，敘述古人觀察到「狩獵蜂把螟蛾幼蟲帶回巢中，一段時間
後，巢中竟然飛出新長成的狩獵蜂而非螟蛾」這種生態現象，以
為狩獵蜂善於教養子女，可以把螟蛾幼蟲調教成狩獵蜂的成蟲，
於是告誡人們要以「善道」教養子女，也因此，「螟蛉子」被做

爲養子的代名詞。以現今科學的角度仔細檢視這個現象，發現原來是狩獵蜂把螟蛾幼蟲帶回巢中後，會在螟蛾幼蟲體內產卵。

依據上文，下列敘述哪些正確？(應選二項)

(A) 新長成的蜂發育所需的能量，主要來自於螟蛾幼蟲

(B) 「螟蛉子」作爲養子的代名詞不符眞實的生態現象

(C) 狩獵蜂有獨特的教養能力，能將螟蛾幼蟲教養成狩獵蜂

(D) 狩獵蜂照顧螟蛾幼蟲，螟蛾提供狩獵蜂養分，兩者互利共生

(E) 狩獵蜂成體以螟蛾爲主要的食物來源，所以它們是掠食的關係

第貳部分 (佔 32 分)

說明：第 49 至 68 題，共 20 題，其中單選題 16 題，多選題 4 題，每題 2 分。答錯不倒扣。多選題只錯一個選項可獲 1 分，錯兩個或兩個以上不給分。此部分得分超過 32 分以上，以滿分 32 分計。

49. 今有二種不同元素 X 及 Y，化合爲兩個含此二種元素的化合物。第一個化合物是由 9.34 克的 X 和 2.00 克的 Y 化合而成；而第二個化合物是由 4.67 克的 X 和 3.00 克的 Y 化合而成。如果第一個化合物的分子式是 XY，那麼第二個化合物的分子式爲下列何者？

(A) X_2Y　　(B) XY_2　　(C) X_3Y　　(D) XY_3　　(E) X_2Y_2

50. 有甲、乙、丙三瓶不同的液體，要知道各瓶中的液體爲何種藥劑，而從事下列實驗：

(1) 各取一部份液體，分別倒入試管然後加等量的水稀釋，並各滴加氯化鉀溶液時，只有甲液的試管生成白色沈澱。

(2) 將硝酸銀溶液加入乙及丙的試管，結果兩支試管都產生沈澱，但再加入過量的氨水時，只有丙試管的白色沈澱會溶解。

試問甲、乙、丙的液體分別是什麼藥劑？

(A) 甲為 H_2SO_4、乙為 HI、丙為 HCl

(B) 甲為 HI、乙為 H_2SO_4、丙為 HCl

(C) 甲為 H_2SO_4、乙為 HCl、丙為 HI

(D) 甲為 HCl、乙為 H_2SO_4、丙為 CH_3COOH

51-52為題組

　　將 5M 鹽酸 50.0mL 倒入圖13甲的側管圓底燒瓶，並滴入 1~2 滴
廣用酸鹼指示劑。另外將足量的 $NaHCO_3$ 粉末放入未吹氣的氣球內，
然後套住瓶口，組裝成不漏氣的氣體發生裝置如圖13甲。在燒瓶的側
管接一橡皮管並裝有橡皮夾，可連氣體實驗裝置，如圖13乙與圖13丙。
圖13乙為燒杯內放置三隻高度不同直立燃燒的蠟燭，並且在杯口連接
通氣的導管。圖13丙在洗瓶內滴有 1~2 滴酚酞的 1M 氫氧化鈉溶液
200.0mL。製備氣體實驗時，將圖13甲氣球內的粉末舉起，使其滑入
燒瓶溶液中，約 30 秒後，氣球充氣而直立硬挺，而圓瓶內的溶液由
紅色變成黃色。根據上文回答 51-52 題。

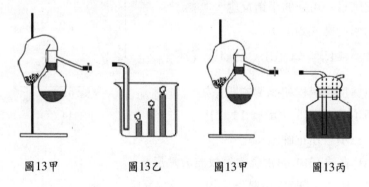

圖13甲　　　　圖13乙　　　　圖13甲　　　　圖13丙

51. 連接圖13甲與圖13乙的氣體實驗裝置，慢慢打開圖13甲連接橡皮
　　夾。試問下列有關實驗結果的敘述，哪一項正確？

　　(A) 在圖13甲，所產生的氣體是一氧化碳

　　(B) 在圖13甲，所產生的氣體是氧氣

(C) 圖13乙中，蠟燭的火燄由低的往高的漸漸旺盛

(D) 圖13乙中，蠟燭的火燄由低的往高的漸漸熄滅

(E) 圖13乙中，蠟燭的火燄完全不受侵入氣體的影響

52. 連接圖13甲與圖13丙的氣體實驗裝置，當慢慢打開連接橡皮夾，若由 $NaHCO_3$ 粉末所產生的氣體，能完全被在圖13丙內的 1M 氫氧化鈉溶液 200.0mL 所吸收中和產生碳酸氫根離子 (HCO_3^-) 而呈無色。試問至少需要多少克的 $NaHCO_3$ 粉末？

(A) 21.0　　(B) 16.8　　(C) 8.4　　(D) 4.2　　(E) 2.1

53. 已知碘化氫在25℃，1 atm的熱化學反應式如下：

$$\frac{1}{2}H_{2(g)} + \frac{1}{2}I_{2(s)} + 25.9kJ/mol \rightarrow HI_{(g)} \qquad (1)$$

式 (1) 中25.9 kJ/mol 為 $HI_{(g)}$ 的莫耳生成熱。碘化氫的生成及分解反應為一可逆的平衡反應，其熱化學反應式如下：

$$H_{2(g)} + I_{2(g)} \rightleftharpoons 2HI_{(g)} + 9kJ \qquad (2)$$

而其反應過程和能量的關係如圖 14。根據上文與圖 14，下列哪三項敘述正確？

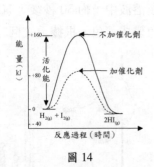

圖 14

(A) 在式 (2)，碘化氫的生成為放熱反應

(B) 碘的昇華 (固相變為氣相) 為吸熱反應

(C) 加入催化劑時，只增加碘化氫的生成速率

(D) 若式 (2) 正反應的活化能為 169kJ 時，逆反應的活化能則為 178kJ

(E) 在達到化學反應平衡狀態時，正反應與逆反應的速率都是 0

54-59題為題組，分為三部分作答

（地球大氣中的二氧化碳與能源問題）

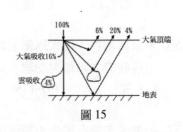

圖 15

地球上的能源大多源自太陽。太陽所發出的能量以輻射的方式傳至地球，陽光通過地球大氣層時，一部分的能量被吸收，一部分的能量被反射或散射回太空，剩下部分穿透大氣到達地表。圖 15 是太陽輻射進入地球大氣層時，被吸收、反射或散射等過程的示意圖，圖中數字是全球年平均，以百分比例表示。太陽的紫外線大部分被臭氧和氧吸收，而太陽輻射最強的可見光卻很少被吸收，大部分穿透大氣到達地表。太陽的近紅外線輻射，則主要被水氣和二氧化碳吸收。

地球大氣的成分中，二氧化碳雖然不多，卻相當程度影響了大氣的溫度。許多科學家認為，目前全球暖化的主因，是人類活動提高了大氣中的二氧化碳濃度所致。科學家提出「替代能源」與「降低人為的二氧化碳排放」兩種對策，希望減緩或解決全球暖化效應。

太陽能是科學家目前積極發展的替代性能源之一。太陽能發電裝置吸收太陽能後，將太陽能轉換成電能，其效能與接收到太陽能多寡有關。假設有一未來城，設置了一座太陽能發電廠。未來城大氣頂端，單位截面積(與太陽輻射線成直角方向)上，全年平均接收的太陽輻射功率大約是 350 瓦特/公尺^2。太陽輻射進入未來城上方大氣層後，被吸收、反射或散射等的情形與全球年平均相同。

依據上述圖文，回答 54-57 題。

54. 大氣中有些氣體會吸收太陽輻射，有些氣體會反射太陽輻射。關於太陽近紅外線輻射的敘述，下列哪一項正確？
　　(A) 主要被臭氧和二氧化碳吸收　　(B) 大部分穿透大氣到達地表
　　(C) 主要被水氣和二氧化碳吸收　　(D) 主要被臭氧和氧反射
　　(E) 主要被二氧化碳和甲烷吸收

55. 未來城地表接收到的太陽總能量中，主要接收到下列哪一種波段？
    (A) 紫外線　　(B) 微波　　　(C) 可見光　　(D) 紅外線

56. 未來城地表，與太陽輻射線成直角方向的單位截面積上，全年平
    均接收的太陽輻射功率大約是多少瓦特/公尺^2？
    (A) 50　　　　(B) 175　　　(C) 1380　　　(D) 350

57. 如果未來城在地表所設置的太陽能發電廠，利用面積為 2000 平
    方公尺的太陽能收集板來發電。假設其發電效率為 20%，則平均
    一個月 (30天) 可以發多少度的電？
    (A) 2.10×10^3 度　　　　　　(B) 4.20×10^3 度
    (C) 5.04×10^4 度　　　　　　(D) 1.01×10^5 度

　　科學家積極開發可以永續經營的生物能源，作為替代能源的方案
之一。生物能源有沼氣、生物製氫、生物柴油和燃料乙醇等，其中燃
料乙醇是目前世界上生產規模最大者。生質燃料的生產以微生物及綠
色植物為主，其生產需考慮材料的培養與製備、燃料的生產、分離與
儲存、製備成本與效應等因素，技術層次需注意能源的加入與釋放量，
方能為功。例如為了供應汽車燃料所需，有些國家配合其國情積極開
發合適的生質燃料，其中以巴西開發酒精做為汽車燃料最成功。根據
上文回答 58 題。

58. 下列所敘述的特性，哪些是作為生物能源材料所應具備的條件？
    (甲) 能源零消耗　　　(乙) 能永續經營　　　(丙) 整體的能源成本低
    (丁) 零污染　　　　　(戊) 利用基因改造生物
    (A)乙丙　　(B) 甲丁　　(C) 乙丙戊　　(D) 甲乙丁　　(E) 甲丁戊

　　有些科學家提出「碳封存」的辦法，來減少二氧化碳的排放。如
果可以將發電廠及工廠所產生的二氧化碳，加以收集、儲存，應該有
助於全球暖化效應的減緩，而這方面的各項技術發展也已經逐漸成熟

(例如二氧化碳的收集、管路架設以將二氧化碳氣體注入地質結構中等技術)。採用地質儲存二氧化碳的技術是可行的,石化工業也已經有相當多的經驗。而將收集到的二氧化碳注入海洋的科技,也有相當的潛力,但目前還在研究階段,科學家擔心這種處理方式可能對海洋生態造成傷害。另外,科學家也在研究將二氧化碳轉換成碳酸鹽礦的技術,這種方式可以永久性的儲存二氧化碳,目前只有小規模的應用。這項科技要實際可行,其能源需求仍需再降低。利用化學製程處理二氧化碳,技術上可行,但卻須消耗太多能源,因此不切實際,尚待改進。根據上文及已習知的知識回答 59 題。

59. 下列與二氧化碳相關的敘述,哪些正確?(應選三項)
    (A) 二氧化碳分子與溫室效應無關
    (B) 二氧化碳的增加,是導致水域優養化的主要因素
    (C) 二氧化碳注入海洋,可能造成海洋生態的不平衡
    (D) 將二氧化碳轉換成無機碳酸鹽礦儲存,也是「碳封存」的技術之一
    (E) 以目前的技術而言,利用化學製程來減少二氧化碳排放量,尚不符經濟效益

60-61為題組

　　國際知名的馬戲團來台公演,節目精彩絕倫,尤其是騎士騎機車高速繞透明圓球的一項表演,更令觀眾緊張得喘不過氣來。一半徑為 R 的空心透明大圓球被固定在水平地面上,騎士以高速 v 在大圓球內繞不同圓周行駛,騎士連同機車的質量為 M,重力加速度 g。假設圓球半徑 R 遠大於機車及騎士身高,騎士連同機車在大圓球內運動時可視為一質點。質量 M 的物體以速率 v 作半徑為 R 的圓周運動時,需有一指向圓心的向心力 $F=Mv^2/R$,當 v 越大,由於物體與圓球貼得越緊,圓球對物體的反作用力 N 也就越大,所以由 N 所提供的向心力 F 也

就越大。騎士騎機車高速繞透明圓球作圓周運動時,騎士與機車受有重力 Mg、圓球對機車的反作用力 N 及與運動方向相反的摩擦力。根據上文回答 60-61 題。

60. 當騎士以高速率 v 繞半徑為 R 的水平面圓周行駛時,下列何種力維持機車不滑下?
    (A) 動摩擦力　　　　　　(B) 靜摩擦力
    (C) 重力的反作用力　　　(D) 騎士的向上提升力

61. 當騎士以高速率 v 繞半徑為 R 的鉛直面圓周行駛時,在圓周頂點處 v 的量值最小為若干,機車才不會墜落?
    (A) Mg / R　　(B) $2MgR$　　(C) $\sqrt{2Rg}$　　(D) $\sqrt{Rg}$

62. 圖 16甲及圖 16乙是 t = 0 時的兩個行進波,其振幅 A、波長 λ、以及週期 T (波行進一個波長所需時間) 相同但行進方向相反,它們各點的振幅相加而成一駐波,如圖 16丙;在 t = T/2 時,駐波的波形將變成下列何種波形?

(A)

(B)

(C)

(D)

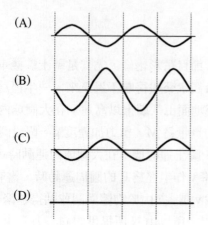

波的進行方向 ν

甲

乙

丙

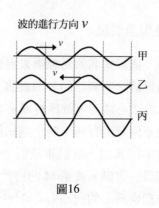

圖16

63. 密閉容器內的氣體溫度升高而體積不變時，下列的敘述哪些是正確的？(應選三項)

 (A) 氣體壓力增大

 (B) 氣體分子的方均根速率增大

 (C) 氣體分子的平均動能增大

 (D) 氣體分子的分子數增多

 (E) 氣體分子的質量增多

64. 在台北縣野柳、台東縣小野柳……的海邊，可以看見外觀類似豆腐方塊狀的岩石，一般稱為「豆腐岩」(如圖17)，這些把一整塊岩石「分割」成為豆腐岩的界面稱為「X」。下列有關「X」敘述之選項，哪二項正確？ 必須分別在 (A)(B) 中選一項，(C)(D)中選一項。

圖 17

	「X」的名稱			形成原因
(A)	層理		(C)	岩層受到侵蝕產生的裂痕
(B)	節理		(D)	岩層受力產生的破裂面

65. 芮氏地震規模 6.5 以上的淺源海底地震發生時，可能會引起劇烈的波浪。當波浪抵達海岸時，由於海水深度變淺，波速改變，使得波浪突然增高。如果此一波浪高達十多公尺以上，形成海嘯。2004 年 12 月26日，印尼外海發生了規模 8.0 以上的大地震，引發南亞海嘯，造成巨大傷亡。下列關於地震與海嘯的推論，何者最合理？

 (A) 地震規模 6.5 以上的地震，都會引起海嘯

 (B) 大地震容易造成黑潮流速改變，引起海嘯

(C) 地震規模愈大，震波的波速愈快，愈容易引起海嘯

(D) 大地震引起的波浪，抵達海岸時，波速變慢，容易引起海嘯

(E) 印尼外海大地震，震源可能在 300 公里海面下，容易引起
海嘯

66. 世界衛生組織在 1980 年 5 月 8 日正式宣佈「地球上的人類已經
可以完全免於天花的威脅」，這可以歸功於牛痘疫苗的使用。人
體接種牛痘疫苗後再接觸天花病毒，其體內抗體的變化如圖 18，
則下列敘述何者正確？

(A) 牛痘病毒是可以使牛隻罹患天花的病毒，不會感染人類

(B) 沒有接種牛痘疫苗的人，
在感染天花病毒後因無法
產生抗體而得病死亡

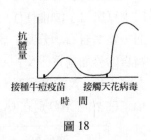

圖 18

(C) 接種牛痘疫苗後，體內會
形成記憶性細胞，有利於
一旦接觸天花病毒抗原時
快速產生大量抗體

(D) 接種牛痘疫苗後再接觸天花病毒時，體內大量增加的抗體主
要由T細胞產生

(E) 未接種牛痘疫苗的人在第一次接觸天花病毒後所產生的抗體
量，與圖 18 所示者在接觸天花病毒後所產生的抗體量相似

67-68為題組

某高中自然科學社甲、乙、丙、丁四位同學，在學期末完成了「光
強度與二氧化碳濃度對於植物光合作用速率的影響」實驗。他們的實
驗進行的方法是：選用兩批相同的蕃茄幼苗，分別在A、B 兩個植物生
長箱中培養，A 生長箱內的二氧化碳濃度維持在 0.40%；B 生長箱內

的二氧化碳濃度維持在 0.03％，再分別用不同的光強度照射並比較其光合作用之速率。他們的實驗結果如圖 19。

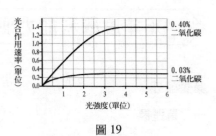

圖 19

根據上文及圖 19，回答 67-68 題。

67. 下列是他們四人對此結果所做的討論：

甲生說：「光的強度愈強，蕃茄幼苗行光合作用的速率愈高。」

乙生說：「生長箱中二氧化碳濃度愈高，蕃茄幼苗行光合作用的速率愈高。」

丙生說：「在 0.03％ 二氧化碳濃度及小於 4 的光強度單位下，光愈強，蕃茄幼苗行光合作用的速率愈高。」

丁生說：「在相同的光照強度下，生長箱中的二氧化碳濃度由 0.03％ 提高到 0.40％ 可以有效增加蕃茄幼苗的光合作用速率。」

你認為哪一位同學的推論最恰當？

(A) 甲生　　　(B) 乙生　　　(C) 丙生　　　(D) 丁生

68. 氣體 X 會影響蕃茄幼苗的光合作用速率。根據圖 19 的結果，甲生等要設計實驗來測知氣體 X 對蕃茄幼苗光合作用的影響是促進或抑制時，他們除了要在生長箱中置入不同濃度的氣體 X 外，還需選用下列哪一組光強度及二氧化碳濃度來進行實驗最適當？

(A) 3 個光強度單位、0.03％ 二氧化碳濃度

(B) 3 個光強度單位、0.40％ 二氧化碳濃度

(C) 1.5 個光強度單位、0.40％ 二氧化碳濃度

(D) 1 個光強度單位、0.03％ 二氧化碳濃度

96年度學科能力測驗自然科試題詳解

第壹部分

一、單選題

1. **C**

   【解析】 本題重點在於「草原」生態的特色，故本題 (C) 豐富的雨水與草原生態(雨量少)的特色違背，故本題選 (C)。

2. **B**

   【解析】 本題完全依文章做判斷，而文章提到「所有蜘蛛都會吐絲」，故本題選 (B)。而其他選項錯誤如下：

   (A) 合歡山上有許多生物，不是只有蜘蛛而已，而且蜘蛛為肉食性動物，生物量也不大，沒有達到「優勢種」的條件。

   (C) 文章提到「合歡山上八成屬於不結網的狼蜘科」，故大部分蜘蛛不結網是遺傳，非環境改變而來。

   (D) 本文只有提到海拔越高，蜘蛛種類減少，但並沒有提出會隨「等比例減少」。

   (E) 蜘蛛為節肢動物的蛛形綱，故為四對步足。

3. **C**

   【解析】 由本題內文可看出這是一個「消長」的現象，而 (A) 為寄生，(B) 為演化，(C) 為消長，(D) 為生物累積；故本題選 (C)。

4. **A**

【解析】 本題完全是圖形判斷，故 (A) 選項的敘述與圖形完全符
合，故本題選 (A)。

(B) 甲島的小地雀鳥喙大小為 9～15 mm，而丙島小地
雀為 7.5～11.2 mm，故此兩島的鳥喙大小的範圍有
交集，與題意不合。

(C) 乙島中地雀鳥喙約為 9～15 mm，而丙島約 13～
19 mm，故此兩島的鳥喙大小的範圍有交集，與題
意不合。

(D) (E) 由文章只能看出丙島適合此二種地雀生活，但
無法看出是否資源豐富，故無法選擇。

5. **D**

【解析】 本題解題重點在於「可以利用的外來種」，而 (A) (B) 為
本土種，(C) (D) 生活為外來種，但是台灣鯛可食，且皮
下膠質可做為膠原蛋白，故 (D) 比 (C) 適合題意。

6. **C**

【解析】 本題完全按照「演化六大定義」出題，而 (C) 為用進廢
退的結果，非演化機制。

7. **C**

【解析】 ∵4℃ 的水密度最大沈於
湖底，密度大的流體在密
度小的流體下方，流體穩
定故不發生對流。
∴湖底的水不結冰。

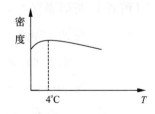

8. **A**

【解析】 本文圖 2 乙為分開培養，而圖 2 丁為共同培養的族群變化圖，由此二圖形可知 X、Y 為競爭關係；而草履蟲攝食微藻，故本題選 (A)。

9. **C**

【解析】 生命世界中，只有細菌和綠色植物會製造維生素，故 (C) 中提出植物吸收維生素是錯誤的。

10. **C**

【解析】 $500g \rightarrow \begin{cases} 金：450g & \therefore V_{金} = \dfrac{450}{19.3} = 23.3(cm^3) \\ 銀：50g & \therefore V_{銀} = \dfrac{50}{10.5} = 4.8(cm^3) \end{cases}$

$V_{金} + V_{銀} = 28.1 \ (cm^3)$

11. **D**

【解析】 等大反向，施力體受力體交換

$\therefore F_A$ 與 W 才是作用與反作用力。

12. **A**

【解析】 折射過程：頻率 f 不變

聲速：固體中＞液體中＞空氣中。故聲波由空氣中傳入水中，波速 v 變大

又 $v = f\nu$ ⇒ f 不變，

v 變大 ⇒ λ 變大 ⇒ $\lambda_2 > \lambda_1$

13. **C**

【解析】 $P = IV$　∵$V\uparrow$，$I\downarrow$，可使電線上電阻減少耗能，即 $P = I^2R$ 減少。

14. **A**

【解析】 近視度數 $= \dfrac{100}{f(m)} \Rightarrow \dfrac{100}{f(m)} = 500$ 度

∴ $f = 0.2\ m = 20\ cm$（凹）。

15. **D**

【解析】 $E_k = \dfrac{1}{2}mv_x^2 + \dfrac{1}{2}m(v_y - gt)^2$ $\Rightarrow E_k(t)$ 與 t 是 2 次曲線

但在最高點還有水平速度，選 (D)。

16-17 為題組

16. **C**

【解析】 由圖可知。

17. **B**

【解析】 $200 \times 60 \times 4 (J) = 0.1 \times S \times 800$　$\Rightarrow S = 600\ (J/kg \cdot K)$

18. **C**

【解析】 $P = IV$　∴$900 = I \cdot 100$　$\Rightarrow I = 8.1(A)$

∴選 (C)，$10(A)$

9. **C**

【解析】 蛋白質含氮，燃燒有味且加熱會固化（煎蛋）。

20. **C**

【解析】 熱塑性塑膠分子以共價鍵結合。

21. **B**

【解析】 常溫下 $NaCl$ 爲固體，H_2O 爲液體，CH_4 爲氣體，故 $NaCl > H_2O > CH_4$。

22. **D**

【解析】 原子數最多 $\propto$ 莫耳數

$$n = \frac{W}{M} = \frac{V}{V} = \frac{分}{N} = \frac{原}{N \cdot X} \quad X：分子中原子之個數$$

(A) $n = \dfrac{3.01 \times 10^{23}}{6.02 \times 10^{23}} = \dfrac{1}{2}$ 原 $= \dfrac{1}{2} \times 2 \times N = 1\ N$

(B) $n = \dfrac{5.01 \times 10^{23}}{6.02 \times 10^{23}} < 1\ N$

(C) $n = \dfrac{W}{M} = \dfrac{8.5}{17} = \dfrac{1}{2}$ 但 $X = 3$ 原 $= \dfrac{1}{2} \times 3 \times N = 1.5\ N$

(D) $n = \dfrac{W}{M} = \dfrac{8}{16} = \dfrac{1}{2}$ 但 $X = 4$ 原 $= \dfrac{1}{2} \times 4 \times N = 2\ N$

$\therefore 2\ N > 1.5\ N > 1\ N > (> 1\ N)$

23. **D**

【解析】 離子：電量不爲零，即帶正電或帶負電

(A) $+9 + (-9) = 0$

(B) $+10 + (-10) = 0$

(C) $+11 + (-11) = 0$

(D) $+12 + (-10) = +2 \neq 0$

24. **B**

【解析】

作＼液	HCℓ	NaOH	NaCℓ
pH	酸性	鹼性	中性
動作1	紅	藍	不變
動作2	黃	藍	不變

∴甲：NaOH，丙：HCℓ

動作3：$NaOH + HCℓ \rightarrow NaCℓ + H_2O$，故乙為 NaCℓ

25-26 為題組

25. **B**

【解析】最理想的方法是排水集氣法。但若氣體易溶於水，則不可用排水法。此時若氣體比空氣重，則用向上排(空)氣法；若氣體比空氣輕，則用向下排(空)氣法。

26. **C**

【解析】$D = \dfrac{M}{V}$，$M = DV$，$M \propto D$

$$\dfrac{D_{氣體}}{D_{空氣}} = 比值 = \dfrac{M_{氣體}}{M_{空氣}}$$

$M_{氣體} = M_{空氣} \times 比值$

甲：$1.53 \times 28.8 = 44$ (CO_2)

乙：$1.11 \times 28.8 = 32$ (O_2)

丙：$0.6 \times 28.8 = 17$ (NH_3)

丁：$0.07 \times 28.8 = 2$ (H_2)

27. **E**

【解析】放熱反應：反應物 $\rightleftharpoons$ 生成物＋△Q

溫度上升相當於供給熱，利於反應向左，故溫度上升，溶解度下降。故選溫度上升時，溶解度下降者。

(B)選項有問題，未能從圖表上判別。

28-29 為題組

28. **A**

【解析】 颱風靠近陸地的時候,因為陸地摩擦力過大導致颱風
威力下降,中心氣壓值上升。

29. **D**

【解析】 (A) 生成的位置距離不足。

(B) 容易引進西南氣流,不是西南季風。

(C) 此颱風並未向東北方轉向。

(D) 颱風從東部登陸,造成東北部發生豪大雨。

30. **B**

【解析】 一般探測海底深度,用的是回音探測系統(聲納)。

31. **A**

【解析】 由上表得知,最大地震規模為 6.7;再由下表得知,最
大震度為 5 級,故選 (A)。

32. **B**

【解析】 斷層面上盤相對往上位移,此為逆斷層(台灣地區多為
逆斷層)。

33. **C**

【解析】 菲律賓海板塊隱沒至歐亞大陸板塊之下,造成一連串
由淺而深的地震,此為班尼奧夫帶

34. **C**

【解析】 滿月與太陽星等差為十四等,故 $(2.512)^{14} \fallingdotseq 400000$。

35. **D**

【解析】 恆星的表面溫度取決於顏色，藍色恆星之溫度為最高；
紅色超巨星表面積大，所放出的總光度也相對為大，故
絕對星等數值較小。

36. **D**

【解析】 地球大氣會隔絕 γ 射線與 X 光的進入，故此兩種波段
之望遠鏡無法置於地面觀測。

二、多選題

37. **BC**

【解析】 (B) 離子化傾向大（金屬）。

(C) 較易失 e^- ⇒ 氧化數上升，故本身被氧化，還原別人。

38. **BDE**

【解析】 放電時，〔H_2SO_4〕下降，
兩極均變為 $PbSO_4$ 均較原
電極之質量大。

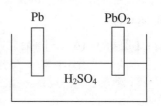

39. **AEF**

【解析】 同位素：質子數相同，中子數不同之原子。

離子：質子數(正電)和電子數(負電)不同之原子。

40. **DE**

【解析】 (A) 平流層之大氣溫度隨高度遞增(因為臭氧層)。

(B) 由圖可知，地表並非最高溫度。

(C) 在熱氣層之大氣溫度隨高度而遞增。

(D) 溫度曲線出現轉折點，為分層高度之位置，故可知中氣層頂約出現在 90 公里高。

(E) 在對流層中，每上升 1 公里溫度下降 6.5°C。

41. **ACF**

【解析】(A) 面向北方星空觀測，周日運動為逆時針旋轉。

(C) 地球自轉一小時約轉 15°角，故天空中恆星運行一小時為 15°，由圖中可知，恆星角度運行約為 30 多度，故選 (C)。

(F) 此圖的圓心點為北極星。

42. **AE**

【解析】判斷此圖的原則有兩個：

(1) 由上而下地層年齡越來越大(疊置定律)。

(2) 先發生的會被後發生的切開(截切定律)。

43. **BCE**

【解析】(A) 一開始合力 0 ∴物體不動。

(D) P 點，合力 0，物體不動。

44. **AD**

【解析】人體與電球等電位，但沒形成迴路 ∴並不導電。

45. **AB**

【解析】(A) 同時落地。

(B) ∵$V_甲 > V_乙$ ∴$R_甲 > R_乙$。

(C) 同高。　　　　　　(D) 均持續增加。

(E) 不同。

46. **BD**

【解析】 本題算是在考「生態學中基本觀念」的題目，而其中

(B) 重點在於「保育」的觀念，也就是「不是完全禁止使用，而是合理的利用」

(D) 掠食、寄生可以維持族群在生態系中的平衡，故本選項錯誤。

47. **ABC**

【解析】 本題完全由圖形判斷答案，所以只要按照圖形給的提示，即可選出適合的選項。而

(A) 由圖形看出甲生物分佈在北緯 60 度～南緯 60 度，而乙生物分佈在北緯 80 度～赤道附近，故「甲生物在南北分佈範圍較乙生物廣」，與本選項錯誤。

(B) 按整題題目觀察，出題老師重點在於「乙生物部分分佈在北極圈」，故基本上本選項有點小瑕疵，但還是可以勉強解題。

(C) 由圖形可知在靠近赤道附近，乙生物單位面積個體數比甲生物略多，故本選項錯誤。

48. **AB**

【解析】 本題乍看之下非常複雜，但是仔細閱讀本文後，發現本題只是在考「生物互動關係(寄生)的基本觀念」！
老師解析如下：

① 由文章知，狩獵蜂卵寄生在螟蛾幼蟲，故其能量來源來自螟蛾幼蟲，故 (A) 正確。

② 由文章知，螟蛾幼蟲只是被利用，狩獵蜂並沒有養育它，故螟蛾幼蟲不能算是狩獵蜂的養子，故 (B) 正確，而 (C) 錯誤。

③ 此二者應為「寄生」關係，故 (D) (E) 錯誤。

第貳部分

49. **D**

【解析】 固定一元素比另一元素，將 X 之質量除成相同，則 Y
之質量比即為 Y 之個數比。

X	Y
(9.34)	(2)
X_m	Y_m
(4.67)	(3)

$$\frac{2}{9.37} : \frac{3}{4.67} = 1 : \frac{n}{m} \Rightarrow \frac{n}{m} = \frac{3}{1}$$

50. **A**

【解析】 (1) $BaCl_2 \Rightarrow BaSO_4$ 白色沉澱。

(2) $Ag +$ 鹵素 $\Rightarrow$ 鹵化銀沉澱，但 $AgCl$ 溶於氨水，AgI
不溶於氨水。

51-52 為題組

51. **D**

【解析】 $NaHCO_3 + HCl \rightarrow NaCl + H_2O + CO_2$
其中 $CO_2(44)$ 為比空氣重之氣體，會沉在空氣下方使
下方蠟燭熄滅。

52. **B**

【解析】 由上述之 $NaHCO_3$ 之莫耳數和 CO_2 之莫耳數相等，
且 $CO_2 + H_2O \rightarrow H_2CO_3 \rightarrow HCO_3^- + H^+$ 為弱酸，
$\pi = 1$，酸鹼中和當量數相等，$\frac{W}{M} \times \pi = C_M \times V \times \pi$，
$\frac{W}{84} \times 1 = 1 \times 0.2 \times 1$，$W = 16.8$ 克

53. **ABD**

【解析】 (A) 反應物→生成物＋△Q 爲放熱反應

(B) 碘$_{(s)}$→碘$_{(g)}$ 爲吸熱反應

(D) 反應熱＝正活化能－逆活化能

$-9＝169－$逆活化能

逆活化能＝$169－(-9)＝178$

＊加催化劑，正逆反應速率皆上升

＊動能平衡，$r_{正}＝r_{逆}≠0$

54-59 爲題組

54. C

【解析】 由題意可知，紅外線波段大部分被水氣及二氧化碳吸收。

55. C

【解析】 除可見光不被吸收外，其於均被吸收。

【另解】 可見光波段可直接穿透地球大氣，故爲主要能量來源。

56. B

【解析】 $(100－16－4－6－20－4)\%＝50\%$

$∴$地表 $350×50\%＝175$ (W/m^2)

57. C

【解析】 $\dfrac{20\%×175×2000×30×24×3600}{3600×1000}＝5.04×10^4(KWh)$

58. **A**

【解析】 (甲) 目前只有燃料電池可將能量 100% 轉移而不消耗。

(乙) 就算不能永續經營，至少也要能維持 100 年以上，否則各種引擎需一直改造，不符成本。

(丙) 能源取得成本低的會被優先開發。

(丁) 不論是沼氣(CH_4)、柴油還是乙醇(C_2H_5OH)，只要含有碳(C)，燃燒後就一定會產生 CO_2，有二氧化碳就一定會造成汙染(溫室效應)。

(戊) 利用基因，改造生物藉以製造氫氣(H_2)是可以使用的方案，但目前還無法進入量產。

59. **CDE**

【解析】 (A) 二氧化碳是溫室效應的主要氣體。

(B) 優養化主要發生原因為磷跟氮等物質排放過量，與二氧化碳無關。

(C) (D) (E) 由題意可知，此選項正確。

60-61 為題組

60. **B**

【解析】 車胎與路面無相對滑動，故為靜摩擦。

61. **D**

【解析】 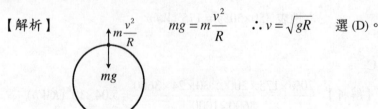 $mg = m\dfrac{v^2}{R}$ $\therefore v = \sqrt{gR}$ 選 (D)。

62. **B**

【解析】

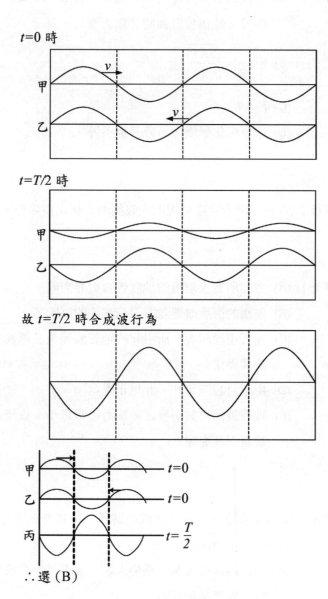

∴選（B）

63. **ABC**

【解析】(A) 依理想氣體方程式 $PV = nRT$，當 n、V 一定，

$P \propto T$，故溫度升高時，壓力變大。

(B) $v = v = \sqrt{\dfrac{3KT}{m}}$

(C) $E_k \propto T$

(D) 未發生化學變化，分子數不變。

64. **BD**

【解析】岩石受壓力而產生規則的破裂面，稱之爲節理。

65. **D**

【解析】(A) 並非所有大規模的地震皆會引發海嘯。

(B) 黑潮的流速改變並非引起海嘯的原因。

(C) 地震規模越大，所引起的地震波速未必越快（需視波長而定）。

(D) 由題目說明可知，此爲正確選項。

(E) 地震越深，其引發之破壞力通常越小，故淺源地震較易引發海嘯。

66. **C**

【解析】本題看似在考疫苗與抗體的關係，但其實正解還是可以由圖形找出答案。而

(A) 牛痘病毒如果無法感染人類，就不可能做成疫苗打到人體來製造抗體。

(B) 人體就算沒有打疫苗，病原體進入人體一樣可以製造抗體。

(C) 由文章圖形可以看出，故本選項正確。

(D) 抗體應由 B 細胞產生，與 T 細胞無關。

(E) 未接種牛痘疫苗的人在第一次接觸天花病毒後所產生的抗體量，應與第一次接種牛痘疫苗時所產生的抗體量相似。

67-68 為題組

67. D

【解析】 本選項完全由圖形看出，0.04%CO_2濃度的光合速率在任何光強度下都比 0.03%CO_2濃度下的光合速率高，故本題選 (D)。

68. C

【解析】 由圖形中，在 1.5 個光強度單位、0.40%二氧化碳濃度下剛好是一個轉折點，在此時促進或抑制的速率變化較大，故選此條件作實驗較容易看出實驗變化情形。

─── 【劉毅老師的話】 ───

　　考前如果想以最有效率的方式求進步，就要多做歷屆考題。從錯誤中學習，愈不熟練的部分，就是重點所在。

九十六年大學入學學科能力測驗試題
國文考科

第一部分：選擇題（佔 54 分）

壹、單選題（佔 30 分）

說明：第 1 題至第 15 題，每題選出一個最適當的選項，標示在答案
卡之「選擇題答案區」。每題答對得 2 分，答錯不倒扣。

1. 下列文句「」內文字的字音，依序與哪一選項文字的字音完全
相同？
星期日中午，健民到餐廳點了清炒「莧」菜、糖醋「鯛」魚片這
兩樣他最喜歡的菜。健民正吃得開心，沒想到一不留神，魚肉掉
在褲子上，留下一片污「漬」。儘管如此，他還是覺得美味的佳
餚令人「吮」指回味。
(A) 件／稠／皆／楯 　　　　　　 (B) 件／凋／嘖／允
(C) 現／稠／嘖／允 　　　　　　 (D) 現／凋／皆／楯

2. 下列文句中，有關「齒」、「恥」二字的使用，正確的選項是：
(A) 謙虛的人能不齒下問，驕傲的人總自以為是
(B) 高舉公理正義的大旗做傷天害理的事，最令人不恥
(B) 他公然說謊卻絲毫不覺歉疚，難怪會被批評為無齒
(D) 有些人只寫過幾篇小文章就自號才子，真是讓人齒冷

3. 下列文句「」內成語的運用，正確的選項是：
(A) 李大華的爸爸和媽媽身材都很高大，稱得上是「椿萱並茂」
(B) 他把子女教養得很好，對子女而言，真可說是「無忝所生」了

(C) 小李經常花大錢買漂亮的衣服送給父母，不愧是「彩衣娛親」的孝子

(D) 陳先生提早退休，全心照顧年邁的母親，「烏鳥私情」的孝行，令人感動

4. 閱讀下列詩句，選出最符合作者人生態度的選項：

賦命有厚薄，委心任窮通。通當爲大鵬，舉翅摩蒼穹。窮則爲鷦鷯，一枝足自容。苟知此道者，身窮心不窮。（白居易〈我身〉）

(A) 人生多艱，宜苦中作樂，自求安慰

(B) 人生在世，難免遭遇挫折，當積極解決困境

(C) 人生際遇不同，宜順應自然，使心不困滯於外境

(D) 生命苦短，享樂宜先，不求爲大鵬，唯願成鷦鷯

5. 下列是小說中的一段文字，請依文意選出排列順序最恰當的選項：

餐廳建築在濱海的山崖上，從落地玻璃窗望出去，

(甲)海獸呼吸了一陣，　　(乙)便是粼光閃爍的海洋，

(丙)光滑的背脊沾滿綠油油的燐光，背上一排呼吸孔開闔著噴出灰霧，　　(丁)餐廳裡並沒有多少人留意海獸出沒，

(戊)又緩緩沉入海底，　　(己)這時正有一頭巨大的海獸緩緩從海中浮現，

只有端菜來的侍者不經意提了一句。（張系國〈傾城之戀〉）

(A) 乙丁甲戊丙己　　　　　　(B) 乙己丙甲戊丁

(C) 己丙甲乙丁戊　　　　　　(D) 己丁甲丙戊乙

6. 古代漢語有一種用來表示「認爲某（人、事、物）是……的」的用法，例如《戰國策・齊策》：「吾妻之美我者，私我也」，句中的「美我」即是「認爲我是美的」之意。下列文句「」內文字

屬於此一用法的選項是：

(A) 《論語・里仁》：唯仁者能「好人」，能惡人

(B) 魏徵〈諫太宗十思疏〉：將有作，則思知止以「安人」

(C) 《孟子・盡心》：孔子登東山而「小魯」，登泰山而小天下

(D) 司馬光〈訓儉示康〉：小人寡欲，則能謹身節用，遠罪「豐家」

7. 下列《孟子》文句，說明「學習成效受客觀環境所限制」的選項是：

(A) 離婁之明，公輸子之巧，不以規矩，不能成方圓

(B) 人之所不學而能者，其良能也；所不慮而知者，其良知也

(C) 一齊人傅之，眾楚人咻之，雖日撻而求其齊也，不可得矣

(D) 人之有德慧術知者，恆存乎疢疾。獨孤臣孽子，其操心也危，其慮患也深，故達

8. 文天祥〈正氣歌〉：「鼎鑊甘如飴，求之不可得」，句中的「鼎鑊」一詞，是由可各自獨立的「鼎」與「鑊」所構成，且「鼎」與「鑊」意義平行對等，不互相修飾。下列文句「」內的詞，與「鼎鑊」構成方式相同的選項是：

(A) 《論語・為政》：五十而知「天命」

(B) 《論語・衛靈公》：「俎豆」之事，則嘗聞之矣

(C) 蘇軾〈赤壁賦〉：寄蜉蝣於天地，渺「滄海」之一粟

(D) 顧炎武〈廉恥〉：教其鮮卑語及彈「琵琶」，稍欲通解

9. 閱讀下文，選出敘述正確的選項：

昔有雄雌二鴿，共同一巢。秋果熟時，取果滿巢。於其後時，果乾減少，唯半巢在。雄瞋雌言：「取果勤苦，汝獨食之，唯有半

在！」雌鴿答言：「我不獨食，果自減少！」雄鴿不信，瞋恚而
言：「非汝獨食，何由減少？」即便以嘴啄雌鴿，殺。未經幾
日，天降大雨，果得濕潤，還復如故。雄鴿見已，方生悔恨：
「彼實不食，我妄殺他！」（《百喻經・一鴿喻》）

(A) 雄鴿多疑固執，闖禍而不知悔悟

(B) 雄鴿未察真相，以至於誤殺雌鴿

(C) 雌鴿吃了果子，卻寧死不肯承認

(D) 雌鴿沒吃果子，果子是被偷走的

10. 閱讀下文，選出最符合全文主旨的選項：

周秦間諸子之文，雖純駁不同，皆有箇自家在內。後世為文者，
於彼於此，左顧右盼，以求當眾人之意， 宜亦諸子所深恥歟！
（劉熙載《藝概・文概》）

(A) 周秦諸子主張各異，互不相服

(B) 為文宜廣納眾說，以求左右逢源

(C) 文章當求表現自我面目，不可一味迎合世俗

(D) 後世為文者多慎選諸子的論述，印證自己的見解

11. 先秦諸子的思想與文章各有其特色，請推斷下列敘述中的甲、
乙、丙、丁各指何人？

甲、強調民貴君輕，其文表現出氣勢浩然的風格。

乙、主張以嚴刑峻法治國，筆鋒峻峭犀利，論說透徹精闢。

丙、強調教育和禮法的作用，善於運用排偶句法議論，邏輯
　　周密。

丁、追求逍遙的境界，善於寓哲理於寓言之中，想像玄妙，說
　　理高超。

	甲	乙	丙	丁
(A)	莊子	孟子	韓非子	荀子
(B)	孟子	韓非子	荀子	莊子
(C)	莊子	孟子	荀子	韓非子
(D)	孟子	韓非子	莊子	荀子

<u>12-13為題組</u>

閱讀下列短文，回答12-13題。

　　多年前，我獨自站在杳無人煙的鄉間路旁等候公路局巴士。無風之夏，炎熱中藏著一股詭奇的安靜，像千萬條火舌欲□一塊冰，卻嚥不下。我站得腳痠，忍不住蹲著，因而感覺那股安靜漸漸往我身上□來，即將形成威脅，彷彿再近一步，會把我給粉碎了。忽地，樹蟬驚起，霎時一陣帶刀帶槍的聲浪框住了人間。

　　就在這時，站牌後那排蓊藹老樹無緣無故□下一截枝葉，不偏不倚掉在我面前，著實叫人一驚。我抬頭，樹上無人；低頭審視，不過是尋常的斷枝殘葉罷，應屬自然律支配下無需問為什麼也不必尋覓解答的自然現象。多少草木之事，斷就斷，枯就枯了，落就落，腐就腐了，若苦苦逼問「何以故」就顯得長舌。這道理我懂，只是在驚魂未定之時觀看那截枝葉，心思不免忙起來；頓覺枝非枝，葉非葉，必定有什麼深不可測的天諭包藏其間。是一段枯萎青春還是遺失的記憶？象徵死生與共的戀情或是老來彌堅的諾言？我蹲在那兒發愣，掐一葉仔細瞧，看不到喋喋不休的天機倒瞧見了蟲嚙，覺得人生沒有解答，只有各自感受。（簡媜〈閒閒無代誌〉）

12. 上文三個□若均使用「擬人化」的動詞，且須兼顧前後文的呼應
連貫，則□內最適合填入的選項是：
(A) 吞／欺／扔　　　　　　(B) 舐／溜／打
(C) 融／游／挽　　　　　　(D) 嚌／飆／捻

13. 「觀看那截枝葉，心思不免忙起來；頓覺枝非枝，葉非葉，必定
有什麼深不可測的天諭包藏其間」，這一段文字所描述的經驗，
實為文學形成過程中的一種心靈活動。下列敘述，與此活動最相
近的選項是：
(A) 睹物興思，感物興情　　(B) 虛靜其神，清和其心
(C) 想像鮮活，翻空出奇　　(D) 摹寫景物，如在目前

14-15為題組

閱讀下列短文，回答14-15題。

〔註〕負羈之妻亦親觀狐、趙：春秋時，晉
公子重耳流亡曹國，曹國大夫僖負羈之妻
觀重耳身邊的狐偃、趙衰。

　　山公（山濤）與嵇（康）、阮（籍）一面，契若金蘭。山妻
韓氏，覺公與二人異於常交，問公，公曰：「我當年可以為友者，
唯此二生耳。」妻曰：「負羈之妻亦親觀狐、趙，意欲窺之，可
乎？」他日，二人來，妻勸公止之宿，具酒肉。夜穿墉以視之，
達旦忘反。公入曰：「二人何如？」妻曰：「君才致殊不如，正
當以識度相友耳。」公曰：「伊輩亦常以我度為勝。」（《世說
新語》）

14. 下列關於山濤及其妻的敘述，正確的選項是：
(A) 山濤之妻有識人之明　　(B) 山濤之妻善妒而好猜忌
(C) 山濤自認才能不輸嵇、阮　(D) 山濤之才極受嵇、阮肯定

15. 文中畫底線的「契」、「覺」、「以」、「勝」四個詞，各與下
    列選項「」內相同的詞比較，意義相同的選項是：
    (A) 戰國策〈馮諼客孟嘗君〉：馮諼曰：願之。於是約車治裝，
        載券「契」而行
    (B) 柳宗元〈始得西山宴遊記〉：意有所極，夢亦同趣，「覺」
        而起，起而歸
    (C) 連橫〈臺灣通史序〉：苟欲「以」二三陳編而知臺灣大勢
    (D) 蘇軾〈留侯論〉：其平居無罪夷滅者，不可「勝」數

貳、多選題（佔 24 分）

說明：第 16 題至第 23 題，每題的五個選項各自獨立，其中至少有一
      個選項是正確的，選出正確選項標示在答案卡之「選擇題答案
      區」。每題皆不倒扣，五個選項全部答對者得 3 分，只錯一個
      選項可得 1.5 分，錯兩個或兩個以上選項不給分。

16. 下列文句「」內的比喻詞語，運用恰當的選項是：
    (A) 眾溪是海洋的「手指」，索水於大山
    (B) 他們像一群「螃蟹」，在地方上橫行
    (C) 憂愁似「鹽巴」，少許可以提味，吃多倒盡胃口
    (D) 煙囪就像是建築物的「眼睛」，能為房子帶來光明
    (E) 書正如同「藥」，善讀可以醫愚，不善讀恐受其害

17. 古典詩詞常有「時」、「空」對舉的文句，藉時、空的廣遠寄寓
    內心的慨歎。下列詩詞，使用此一表現方式的選項是：
    (A) 玉界瓊田三萬頃，著我扁舟一葉
    (B) 九天閶闔開宮殿，萬國衣冠拜冕旒
    (C) 萬里悲秋常作客，百年多病獨登臺

(D) 三十功名塵與土，八千里路雲和月

(E) 世態十年看爛熟，家山萬里夢依稀

18. 孔子認為，良好的道德修養具有普世價值，不受族群、地域的局限。下列《論語》文句，強調此一道理的選項是：

(A) 天下有道則見，無道則隱

(B) 言忠信，行篤敬，雖蠻貊之邦行矣

(C) 十室之邑，必有忠信如丘者焉，不如丘之好學也

(D) 君子敬而無失，與人恭而有禮，四海之內皆兄弟也

(E) 孔子於鄉黨，恂恂如也，似不能言者；其在宗廟朝廷，便便言，唯謹爾

19. 下列李白詩句畫線處，詮釋恰當的選項是：

(A) 「見說蠶叢路，崎嶇不易行。山從人面起，雲傍馬頭生」，形容山勢陡峻，行路窘迫

(B) 「浮雲遊子意，落日故人情。揮手自茲去，蕭蕭班馬鳴」，意謂友情如浮雲、落日，難得易逝

(C) 「抽刀斷水水更流，舉杯銷愁愁更愁。人生在世不稱意，明朝散髮弄扁舟」，強調滿腔憂鬱，揮之不去

(D) 「越王勾踐破吳歸，義士還鄉盡錦衣。宮女如花滿春殿，只今惟有鷓鴣飛」，表達盛衰無常，繁華成空

(E) 「雲想衣裳花想容，春風拂檻露華濃。若非群玉山頭見，會向瑤臺月下逢」，盛讚殿宇富麗，宛如天庭

20. 下列敘述，說明作家的作品風格與作家氣質相關的選項是：

(A) 陶淵明閑靜少言，崇尚自然，其詩樸質無華，真淳恬淡

(B) 韓愈耿介堅毅，敢於直諫，其散文雄渾剛健，氣勢磅薄

(C) 劉基博通經史，爲明朝開國功臣，其散文筆致駿邁，意旨閎深

(D) 蘇軾器度恢弘，樂觀曠達，其散文汪洋恣肆，豪放詞尤獨具一格

(E) 王安石爲北宋神宗時宰相，推行新法，其散文風格峭拔，結構謹嚴

21. 國文課堂上討論「宋代貶謫文學」，範圍爲范仲淹〈岳陽樓記〉、歐陽脩〈醉翁亭記〉、蘇轍〈黃州快哉亭記〉，則下列敘述，正確的選項是：

(A) 三篇文章雖皆流露遭逢貶謫的感慨，仍不忘對時局提出諍言

(B) 三篇文章的敘寫次序皆爲：登高望遠→遙望京城→抒發感懷→物我合一

(C) 歐陽脩〈醉翁亭記〉認爲官運難卜，應該及時享受與民同遊共飲的快樂

(D) 范仲淹〈岳陽樓記〉認爲儘管仕途受挫，知識分子仍當以百姓安樂爲念

(E) 蘇轍〈黃州快哉亭記〉認爲心胸坦然，超越人生的缺憾，才能擁有自在的生命

22. 章回小說多由說書人的底本增潤而成，情節敘述往往摻雜說書人的解釋或評論。下列文句，具有此一特色的選項是：

(A) 玄德訪孔明兩次不遇，欲再往訪之。關公曰：「兄長兩次親往拜謁，其禮太過矣。想諸葛亮有虛名而無實學，故避而不敢見。兄何惑於斯人之甚也？」

(B) 巨靈神回至營門，徑見托塔天王，忙哈哈跪下道：「弼馬溫果是神通廣大！末將戰他不得，敗陣回來請罪。」李天王發怒道：「這廝剉吾銳氣，推出斬之！」

(C) 孔明曰：「亮夜觀天象，劉表不久人世；劉璋非立業之主，久後必歸將軍。」玄德聞言，頓首拜謝。只這一席話，乃孔明未出茅廬，已知三分天下。眞萬古之人不及也

(D) 當時林沖扳將過來，卻認得是本管高衙內，先自手軟了。高衙內說道：「林沖，干你甚事！你來多管！」原來高衙內不認得他是林沖的娘子，若還認得時，也沒這場事

(E) 八戒道：「哥哥說得有理。你去，你去。若是打敗了這老妖，還趕將這裡來，等老豬截住殺他。」好行者，一隻手提著鐵棒，一隻手拖著死虎，徑至他洞口。正是：法師有難逢妖怪，情性相和伏亂魔

23. 閱讀下列現代詩〈我不和你談論〉，選出敘述正確的選項：

我不和你談論詩藝／不和你談論那些糾纏不清的隱喻／請離開書房／我帶你去廣袤的田野走走／去看看遍處的幼苗／如何沉默地奮力生長

我不和你談論人生／不和你談論那些深奧玄妙的思潮／請離開書房／我帶你去廣袤的田野走走／去撫觸清涼的河水／如何沉默地灌溉田地

我不和你談論社會／不和你談論那些痛徹心肺的爭奪／請離開書房／我帶你去廣袤的田野走走／去探望一群一群的農人／如何沉默地揮汗耕作

你久居鬧熱滾滾的都城／詩藝呀！人生呀！社會呀／已爭辯了很多／這是急於播種的春日／而你難得來鄉間／我帶你去廣袤的田野走走／去領略領略春風／如何溫柔地吹拂著大地

(A) 詩的第三段，末句的「沉默」與前兩句的「談論」相對照，暗示與其爭辯不休，不如默默耕耘

(B) 作者不和「你」談詩藝、人生、社會,「你」代表腳踏實地而常來鄉間的都市知識份子

(C) 作者認為,到「廣袤的田野」比在「書房」更能真切體會生活的內涵與生命的意義

(D) 詩中藉奮力生長的幼苗、灌溉田地的河水、揮汗耕作的農人等,展現田野的生命力

(E) 這首詩間接呈現作者喜歡玄思妙想的性格,以及追求華麗辭藻、艱深隱喻的寫作態度

第二部分:非選擇題(共三大題,佔 54 分)

說明:請依各題指示作答,答案務必寫在「答案卷」上,並標明題號一、二、三。

一、文章分析(佔 9 分)

　　仔細閱讀框線內的文章,分析作者如何藉由想像力,描述搭火車<u>過山洞</u>時所見的景象與感受。文長限 100~150 字。

> 　　鄉居的少年那麼神往於火車,大概因為它雄偉而修長,軒昂的車頭一聲高嘯,一節節的車廂鏗鏗跟進,那氣派真是懾人。至於輪軌相激枕木相應的節奏,初則鏗鏘而慷慨,繼則單調而催眠,也另有一番情韻。過橋時俯瞰深谷,真若下臨無地,躡虛而行,一顆心,也忐忐忑忑吊在半空。黑暗迎面撞來,當頭罩下,一點準備也沒有,那是過山洞。驚魂未定,兩壁的迴聲轟動不絕,你已經愈陷愈深,衝進山嶽的盲腸裏去了。光明在山的那一頭迎你,先是一片幽昧的微曦,遲疑不決,驀地天光豁然開朗,黑洞把你吐回給白晝。這一連串的經驗,從驚到喜,中間還帶著不安和神祕,歷時雖短而印象很深。(余光中〈記憶像鐵軌一樣長〉)

二、闡釋與表述（佔 18 分）

　　閱讀框線內的對話，先依對話內容的象徵意涵，闡釋「玫瑰」與「日日春」分別抱持**哪一種**處世態度，再依據自己提出的闡釋，就玫瑰與日日春**「擇一」**表述你較認同的態度，並說明原因。文長限 300～350 字。

> 玫瑰說：「我只有在春天開花！」
>
> 日日春說：「我開花的每一天都是春天！」
>
> 　　　　　　　　　　　　（杏林子《現代寓言》）

三、引導寫作（佔 27 分）

　　或許你有過類似的經驗：熟悉的小吃店正在改裝，即將變成服飾店；路旁的荒地整理之後，成為社區民眾休閒的好所在；曾經熱鬧的村落街道，漸漸人影稀疏，失去了光采。……

　　這些生活空間的改變，背後可能蘊藏許多故事或啓示。請你從個人具體的生活經驗出發，以「**走過**」為題，寫一篇文章，內容必須包含：生活空間今昔情景的敘寫、今昔之變的原因、個人對此改變的感受或看法，文長不限。

96年度學科能力測驗國文科試題詳解

第一部分：選擇題（佔 54 分）

壹、單選擇題（佔 30 分）

1. **D**

【解析】「莧」菜：ㄒㄧㄢˋ　　「鯛」魚片：ㄉㄧㄠ

　　　　污「漬」：ㄗˋ　　　　「吮」指回味：ㄕㄨㄣˇ

2. **D**

【解析】(A) 不恥下問：不以向身分較低微、或是學問較自己淺

　　　　　　陋的人求教為羞恥。

　　　　(B) 不齒：羞與為伍，不屑與之並列。

　　　　(C) 無恥：不顧羞恥

　　　　(D) 齒冷：開口笑久了，則牙齒變冷，故稱譏笑為「齒

　　　　　　冷」。

3. **D**

【解析】(A) 椿萱並茂：比喻父母都健在。

　　　　(B) 無忝所生：不辱父母，對得起父母的意思。

　　　　(C) 彩衣娛親：比喻以滑稽逗趣的動作，來娛樂雙親。

　　　　(D) 烏鳥私情：比喻奉養長輩的孝心。

4. **C**

【解析】大鵬舉翅高飛，比喻人奮發向上；而鷦鷯生活在林中，

　　　　所棲不過一截樹枝，語本《莊子・逍遙遊》：「鷦鷯巢於

深林，不過一枝；偃鼠飲河，不過滿腹。」比喻所求不多，亦用以勉人知足寡慾。所以人生際遇有窮通得失，當委心任自然。

5. **B**

【解析】由前句判斷下一句，由末句推斷前一句，留意句中的連續詞關鍵字眼，請注意以下排序劃線的部份。

餐廳建築在濱海的山崖上，<u>從落地玻璃窗望出去</u>，(乙)<u>便是</u>粼光閃爍的<u>海洋</u>，(己)<u>這時</u>正有一頭巨大的<u>海獸緩緩從海中浮現</u>，(丙)光滑的背脊沾滿綠油油的燐光，背上一排<u>呼吸孔</u>開闔著<u>噴出灰霧</u>，(甲)海獸<u>呼吸了一陣</u>，(戊)<u>又緩緩沉入海底</u>，(丁)餐廳裡<u>並沒有</u>多少人留意海獸出沒，<u>只有</u>端菜來的侍者不經意提了一句。

6. **C**

【解析】意謂動詞：動詞與賓語之間不是支配關係，而是「認為賓語怎樣」或「把賓語當作什麼」的關係。

(A) 只有仁者才能公正無私地喜好應當喜好的人，厭惡應當厭惡的人。(《論語・里仁》)

(B) 打算有所作為，就應適可而止來安定人民。(魏徵〈諫太宗十思疏〉)

(C) 孔子登上東山去看魯國就認為魯國變小；登上泰山就認為天下也變小了。(《孟子・盡心》)

(D) 平民慾望少，就能安分守己、節省度日，遠離罪罰而使家庭富裕。(司馬光〈訓儉示康〉)

7. **C**

【解析】(A) 即使有離婁那樣的眼力，公輸子那樣的巧技，不靠
圓規和曲尺，也畫不出標準的方形和圓形。
（《孟子‧離婁上》）

(B) 不用學習就自然會的，是人本來自有的能力；不用
思慮自然就知道的，是人本來自有的知覺。
（《孟子‧盡心上》）

(C) 一個齊國人教他，許多楚國人用楚國話去喧擾他，
就是天天打他，要他說齊國話，是做不到的。
（《孟子‧滕文公下》）

(D) 人具有道德、慧見、學術、才智，經常是存在於災
患之中。只有那疏遠不被寵幸的臣子，和那庶出的
孽子，他們操持的心志非常危懼，憂慮禍患非常深
遠，所以能通達事理。（《孟子‧盡心上》）

8. **B**

【解析】鼎鑊屬並列式合義複詞，俎、豆，皆盛祭品之禮器，亦
屬並列式合義複詞。

(A) 「天命」屬造句式合義複詞中的主謂式合義複詞

(C) 「滄海」屬主從式合義複詞

(D) 「琵琶」屬雙音節衍聲複詞

9. **B**

【語譯】從前有一隻雄鴿、一隻雌鴿，一同住在一個巢裡。秋天
來臨時，果實成熟了，它們拾來了很多的果子，裝了滿
滿的一巢。一段時間以後，果實漸漸乾了，原先滿巢的
果子乾到只剩半巢。雄鴿生氣的責怪雌鴿說：「我們找

果子是很辛苦的，你卻只顧著自己偷吃，你看到現在，果子只剩下一半了。」雌鴿回答說：「我沒有偷吃，是果子自己變少的。」雄鴿不信，十分生氣，說道：「如果不是你獨自吃了，怎麼可能會少？」便用尖嘴啄死了雌鴿。隔沒幾天，天上下起了大雨，果子吸收到水氣，又變回到原來的樣子，裝了滿滿的一巢。雄鴿看了，後悔不已，因為雌鴿確實沒吃果子，是錯怪殺了！

10. **C**

【語譯】 周秦間諸子的文章，雖有純粹駁雜之不同，但都有自我在其中。後代寫文章的人，在那裏在這裏、東顧慮西顧慮，只求迎合眾人的想法，也該被先秦諸子深以為恥吧！

11. **B**

【解析】 孟子主張民為貴，社稷次之，君為輕，善養浩然之氣；韓非子集先秦法家之大成，文字精鍊，筆鋒犀利；荀子勸學隆禮，善用譬喻，周密嚴謹；莊子主張逍遙忘我，寓深奧哲理於寓言故事的敘寫中。

12. **A**

【解析】 □前後是作答的關鍵，所以欲<u>吞</u>一塊冰，卻<u>嚥</u>不下……因而感覺那股安靜漸漸往我身上<u>欺</u>來，即將形成威脅……老樹無緣無故<u>扔</u>下一截枝葉，不偏不倚<u>掉在我面前</u>……

13. **A**

【解析】「觀看那截枝葉，心思不免忙起來」乃睹物興思；「頓覺枝非枝，葉非葉，必定有什麼深不可測的天論包藏其間」則爲感物興情

14. **A**

15. **C**

【解析】 (A) 契，書契　　　(B) 覺，醒
(C) 以，用、拿　　　(D) 勝，盡

【語譯】山濤和嵇康、阮籍第一次面，就情投意合，友誼已固若金石、芬芳如蘭。後來山濤的妻子韓氏，察覺山公和二人的關係與平常的交往不同，就問山公爲了甚麼。山公說：「我當年可以結爲朋友的，只有這兩位先生而已。」山妻說：「從前僖負羈的妻子，也曾親自看過狐偃、趙衰；我想偷看他們一下，可以嗎？」後來，二人來訪，山妻勸山公留他們住宿，並給他們準備了酒肉，晚上就挖穿了牆壁窺看他們，直到天亮都忘了回去。山公進屋問道：「這兩個人怎麼樣？」山妻說：「您的才德遠不如他們，正該用你淵博的見識和恢弘的度量和他們交往才行。」山公說：「他倆也常認爲我的度量超過他們呢。」

貳、多選題

16. **ABCE**

【解析】 (D) 煙囪不能爲房子帶來光明，所以眼睛的比喩不恰當

17. **CDE**

【解析】 (A) (B) 只有空間，故不選

(A) 語出張孝祥〈念奴嬌〉

(B) 語出王維〈和賈舍人早朝大明宮之作〉

(C) 語出杜甫〈登高〉

(D) 語出岳飛〈滿江紅〉

(E) 語出陸游〈過野人家有感〉

18. **BD**

【解析】 (A) 天下有道就用世，無道就隱退。(《論語‧泰伯》)

(B) 說話要忠誠信實，行事要篤厚敬慎，雖然是南蠻北狄文化落後之國，也能行得通。(《論語‧衛靈公》)

(C) 只有十戶人家的小地方，也一定有天性忠信像我一樣的人，但沒能像我的好學啊。(《論語‧公冶長》)

(D) 君子只要謹慎自己的言行沒有過失，與人交往謙恭有禮，那麼四海之內的人，都可以做你的兄弟。(《論語‧顏淵》)

(E) 孔子在鄉里時，態度恭敬溫和，好像不大會講話似的。在宗廟或朝廷，說話清晰明確，但是很謹慎小心。(《論語‧鄉黨》)

19. **ACD**

【解析】 (A) 聽說從這裡去蜀國的道路，**崎嶇艱險**不易通行。山崖從人的臉旁突兀而起，雲氣依傍著馬頭上升**翻騰**。(李白〈送友人入蜀〉)

(B) 遊子的心思恰似天上浮雲**飄動**，夕陽餘暉徐徐緩落更添難捨友情。頻頻的對你揮手致意從此離別，馬兒也深情地惜別而聲聲嘶鳴。(李白〈送友人〉)

(C) 思壯志難酬、拔刀斷水水更流，想未來命運、舉杯消愁愁更深；人生在世不能稱心如意，索性明朝披髮泛舟江湖漂流。

（李白〈宣州謝朓樓餞別校書叔雲〉）

(D) 越王勾踐滅掉吳國勝利返回，士兵們都穿著盛裝富貴還鄉。美麗如花的宮女們充滿宮殿，如今只有鷓鴣在空中飛翔。(李白〈越中覽古〉)

(E) 雲想變作貴妃的衣裳，花想變為貴妃的容貌。貴妃之美，如沈香亭畔春風拂煦下的帶露牡丹，若不是群玉仙山上才能看到的西王母，定是只有在瑤台月下才能遇到的仙女。(李白〈清平調〉)

20. ABD

【解析】 題幹要求「說明作家的作品風格與作家氣質相關的選項」，(C) (E) 並未提及作家之氣質

21. DE

【解析】 (A) 三篇文章皆與貶謫有關，但沒有對時局提出諍言。

〈岳陽樓記〉：范仲淹被貶鄧州，好友滕宗諒(子京)被貶巴陵郡。文末自抒懷抱「先天下憂而憂，後天下樂而樂」「進亦憂，退亦憂」，展現知識分子的胸襟氣度。

〈醉翁亭記〉：歐陽修被貶滁州，文中歐公與滁州人共登瑯邪山，同歡共樂，並展現他以眾人之樂為樂的境界。

〈黃州快哉亭記〉：蘇轍及其兄長蘇軾，好友張夢得三人俱被貶謫。凡人被貶，心中難免有抑鬱不平

之情。蘇轍以「士生於世，使其中不自得，將何往
而非病；使其中坦然不以物傷性，將何適而非快！」
自勉勉人。人生之憂樂與否，取決於自己的心境是
否坦然。

(B) 〈岳陽樓記〉：登樓遠望湖景→或因雨而悲，或因
晴而喜→進亦憂退亦憂；先天下之憂而憂，後天下
樂而樂

〈醉翁亭記〉：滁州→瑯邪山→釀泉→醉翁亭→山
林之樂→滁州眾人之樂→太守因眾人之樂而樂

〈黃州快哉亭記〉：赤壁汪洋之景→快哉亭→楚襄
王登蘭台之宮，引出快哉之典→人生憂樂與否在於
自己能否坦然自適。

22. **CDE**

【解析】 (A) 只有敘事和對話

(B) 只有敘事和對話

(C) 「只這一席話，乃孔明未出茅廬，已知三分天下。
眞萬古之人不及也」是說書人的對孔明之評論

(D) 「原來高衙內不認得他是林沖的娘子，若還認得時，
也沒這場事」是說書人對前述情節的解釋

(E) 「正是：『法師有難逢妖怪，情性相和伏亂魔』」是
說書人的解釋

23. **ACD**

【解析】 詩的前三段結構相似。不談論詩藝、不談論人生、不
談論社會，這些都是爭論不休，永無標準答案的論題。
詩人邀請「你」離開書房，去田野走走。書房是知識

理論的囚室，人禁錮在純粹的知識理論中太久，會誤
以為學理論辯就是生命的全部，殊不知外面的自然世
界，還有數不清的事物，足以開發人的性靈與眞情。
詩人借用了三個具體的形象來表現最旺盛且眞實的生
命力：田野中草木抽芽、流水淙淙、農人耕作。
由末段可知詩中的「你」是久居鬧市的人，難得來鄉
間一遊，是典型的現代都市人寫照。

(B) 如上文解析

(E) 辭藻平易淺近，象徵比喻明顯易懂

第二部分：非選擇題

一、文章分析

　　在文中作者使用了極多含有豐富想像力的譬喻法，如將火
車比喻成蛟龍「軒昂的車頭一聲高嘯」，或是將輪軌與枕木碰
撞時發出的聲響比喻成「初則鏗鏘，繼而單調」的樂章。最經
典的要屬後半描述過山洞時，細膩的想像與描寫，包括忐忑不
安的心情，和將黑暗實體化的「當頭罩下」，再到「山嶽裡的
盲腸」這樣生動的想像；最後利用擬人法想像光明與黑暗的拉
鋸戰，而激盪出「黑洞把你吐回給白晝」這樣神妙之辭，實為
一絕！

二、闡釋與表述

　　玫瑰說：「我『只有』在春天開花。」說明要欣賞它的美
麗就只在春天，顯露出它的「驕傲」；日日春說：「我開花的
『每一天都是』春天。」肯定自己的美好，顯露出的是一份絕
對的「自信」。

　　「驕傲」與「自信」本是一體的兩面，過與不及的兩端。驕傲的人，自然會透顯出超凡的自信；自信的人，本能地會散發出驕傲的神采。不同的是，驕傲給人的感覺較不舒服，過於剛猛。可能使得原本備受肯定的才華與能力，因為驕傲懾人而與你失之交臂。反觀內蘊而柔婉的自信，可使你的人格特質更具迷人的魅力。

　　法國的文學家巴爾札克曾說：「自滿、自高、自大和輕信，是人生的三大暗礁。」如同玫瑰的驕傲，僅能擁有一個春天的燦爛。但是，我們的人生，不只一個春天。所以我們永遠要對自己抱持希望，才能使生命發光發熱，自信便從希望中誕生，足以延續生命的光熱。

三、引導寫作

走過

　　一步一腳印，凡走過必留下痕跡。在時光的洪流中，我們走過在陽光下揮灑汗水的青春，走過九二一地震後重建的家園，走過科技的日新月異，台灣的瞬息萬變。這些走過，在我們的生命中留下或深或淺的痕跡，而這些痕跡有些隨處可見，有些卻隨風消逝，一旦被拆毀即在人們的記憶中漸漸褪色而遠去；然而不可否認的是，這些走過，見證了我們成長的軌跡。

　　走過國中母校，我窺見了科技的不可或缺。古色古香的紅樓，一直是我們下課遊玩嬉戲的地方，水塘邊，有我們開心餵魚兒的倒影；迴廊裡，有我們奔跑嬉鬧的盈盈笑語；從窗櫺中

灑落的一地陽光中，有我們認眞做實驗的汗水熠熠發光。但曾
幾何時，因爲科技的日新又新，讓學校必須擴展硬體設備，增
建電腦教室和更高級的實驗室；而土地利用不夠精密的紅樓，
竟成爲科技發達下的犧牲品！眼見紅樓旁搭起了重重鷹架，心
中眞有無限不捨……這是一個多麼美麗而充滿回憶的地方呀！
爲了教育學校還是忍痛拆建，我眞不忍卒睹紅樓被拆毀的景況。
也許這是科技發達下不得不的趨勢，但我眞的好希望，在教育
環境的提升下，還是能保有一些古樸的人文素養。我不希望我
們將要走向的未來，空有科技的骨架卻無人文的血肉。

走過糖果玩具街的興盛沒落，我看見了傳統與創意的兼容
並蓄。我家住在一條充滿玩具糖果批發店的小街上，舉凡小朋
友玩的陀螺、博浪鼓，再到全靠運氣的戳戳樂，甚至是一大包
一大包具有鄉土味的蕃薯餅和棒棒糖，全都唾手可得。小時候，
我總在玩具糖果的簇擁中回家。隨著時代進步和交通發達，便
利商店如雨後春筍般的林立，人潮逐漸轉往窗明几淨的 7-11，
而捨棄看起來破舊卻富有人情味的柑仔店。愛嚐鮮的我，是很
喜歡 7-11 的創意的！從思樂冰到御飯糰再到五花八門的鮮食，
從代收電話費到黑貓宅急便甚至是多功能事務機的設置，都不
斷的創造我們走進 7-11 的機會。隨著年紀增長，我越來越體認
到這樣的生活環境變遷所帶來的便利性，也相當以台灣人的聰
明爲傲。但柑仔店的功能並不會被遺忘，每年在過年時節，總
會有許多念舊的大人大老遠的帶著小朋友來到這條街買玩具糖
果，重新走過兒時記憶，也再構築了下一代對柑仔店的童年記
憶。我好喜歡這樣傳統與便利兼容並蓄的感覺，這是在時代變
遷下清楚可見便利與傳統交錯的軌跡。

96 年度學測國文科非選擇題評分標準說明

作者：大考中心研究員 曾佩芬
出處：大考中心網站（96.2.26）

學測國文科的非選擇題部分共三大題，佔 54 分。

第一大題，分析余光中先生的〈記憶像鐵軌一樣長〉，佔 9 分，評閱重點在作者「過山洞」這一節。如考生能充分舉出具體實例，分析作者描寫搭火車「過山洞」時，使用比喻、象徵和轉化的手法，且說明清晰、文字流暢者，可得「A 等」；若只談作者搭火車，「過山洞」的經過，平鋪直述，自然不合題幹要求，等第也不高。至於敘述自己搭火車的感受，全然違背題幹，不合要求，勢將落入「C 等」。

第二大題闡杏林子《現代寓言》中的二句話：一是玫瑰說的：「我只有在春天開花！」一是日日春說的：「我開花的每一天都是春天！」佔 18 分。考生在這一題的回答很多樣化，因此評閱原則是：對玫瑰、日日春的處世態度都能適當闡釋，並且擇一表述認同的原因，而文筆暢達，說理透闢者，可得「A 等」。雖能擇一表述認同態度的原因，說理尚可，文筆平平，或僅指出玫瑰、日日春的處世態度，只能落在「B 等」。至於能說明玫瑰、日日春的處世態度，然而過於偏頗，或只就玫瑰或日日春的部分闡釋與表述，有違題幹要求，只有得「C 等」。

第三大題引導寫作，以「走過」為題，寫一篇文章，佔 27 分。據題幹要求，需含三點：(1)生活空間今昔情景的敘寫；(2)今昔之變的原因，(3)個人對此改變的感受或看法。由於試題說明很清楚，所以得分高低就看構思和文筆了。如考生能掌握題幹要求，結構完整，文筆生動，內容具體深刻的，就得「A 等」。既是一篇作文，且有三重點，自需分段，因此，文不分段，篇幅又短小，自然等第不高。至於不寫自己而寫別人的感受或看法，違背題幹要求，只能落入「C 等」。

九十六年度學科能力測驗
英文考科公佈答案

題號	答案	題號	答案	題號	答案
1	A	21	D	41	C
2	D	22	B	42	D
3	A	23	A	43	A
4	B	24	C	44	B
5	C	25	B	45	A
6	D	26	B	46	C
7	B	27	C	47	D
8	D	28	D	48	C
9	C	29	C	49	A
10	A	30	A	50	B
11	B	31	F	51	C
12	D	32	C	52	B
13	C	33	B	53	C
14	B	34	D	54	D
15	A	35	J	55	B
16	D	36	G	56	A
17	B	37	A		
18	C	38	I		
19	A	39	H		
20	A	40	E		

九十六年度學科能力測驗
數學考科公佈答案

題號	答案	題號		答案	題號		答案
1	4	A	12	1	F	32	2
2	2		13	4		33	5
3	4		14	—	G	34	8
4	1	B	15	1		35	7
5	3		16	1		36	1
6	1,3,5		17	2		37	4
7	1,2,4,5	C	18	7	H	38	1
8	1,5		19	9		39	2
9	1,2,4	D	20	1	I	40	5
10	1,2,4,5		21	6		41	3
11	2,4		22	0			
			23	0			
		E	24	1			
			25	2			
			26	1			
			27	3			
			28	—			
			29	5			
			30	1			
			31	3			

九十六年度學科能力測驗
社會考科公佈答案

題號	答案	題號	答案	題號	答案	題號	答案
1	C	21	C	41	D	61	B
2	A	22	B	42	B	62	D
3	B	23	C	43	C	63	C
4	B	24	B	44	C	64	A
5	C	25	C	45	A	65	B
6	B	26	A	46	A	66	C
7	B	27	B	47	B	67	C
8	A	28	C	48	B	68	B
9	C	29	A	49	A	69	C
10	A	30	B	50	C	70	D
11	A	31	D	51	B	71	A
12	D	32	D	52	C	72	C
13	D	33	A	53	D		
14	B	34	C	54	A		
15	C	35	B	55	A		
16	B	36	C	56	D		
17	C	37	B	57	C		
18	D	38	A	58	B		
19	A	39	D	59	A		
20	A	40	B	60	D		

九十六年度學科能力測驗
自然考科公佈答案

題號	答案	題號	答案	題號	答案	題號	答案
1	C	21	B	41	ACF	61	D
2	B	22	D	42	AE	62	B
3	C	23	D	43	BCE	63	ABC
4	A	24	B	44	AD	64	BD
5	D	25	B	45	AB	65	D
6	C	26	C	46	BD	66	C
7	C	27	E/B	47	ABC	67	D
8	A	28	A	48	AB	68	C
9	C	29	D	49	D		
10	C	30	B	50	A		
11	D	31	A	51	D		
12	A	32	B	52	B		
13	C	33	C	53	ABD		
14	A	34	C	54	C		
15	D	35	D	55	C		
16	C	36	D	56	B		
17	B	37	BC	57	C		
18	C	38	BDE	58	A		
19	C	39	AEF	59	CDE		
20	C	40	DE	60	B		

註：第27題，大考中心本來公佈的答案為E，後來又更正為B/E皆可，
但化學名師周偉勤老師認為B選項無法從圖中判定。

九十六年度學科能力測驗
國文考科選擇題公佈答案

題號	答案
1	D
2	D
3	D
4	C
5	B
6	C
7	C
8	B
9	B
10	C
11	B
12	A
13	A
14	A
15	C
16	ABCE
17	CDE
18	BD
19	ACD
20	ABD
21	DE
22	CDE
23	ACD

九十六學年度學科能力測驗
總級分與各科成績標準一覽表

考　　科	頂標	前標	均標	後標	底標
國　文	13	13	11	10	8
英　文	13	11	8	5	4
數　學	10	8	6	4	3
社　會	13	12	10	9	7
自　然	13	11	9	7	5
總級分	59	53	45	36	29

※ 各科成績五項標準以到考考生成績計算，總級分五項標準之計算不
含五科均缺考之考生，各標準計算方式如下：

頂標：成績位於第 88 百分位數之考生成績

前標：成績位於第 75 百分位數之考生成績

均標：成績位於第 50 百分位數之考生成績

後標：成績位於第 25 百分位數之考生成績

底標：成績位於第 12 百分位數之考生成績

九十六學年度學科能力測驗
各科各級分人數累計表

	級分	人　數	百分比（%）	累計人數	累計百分比（%）
	15	3940	2.61	150797	100.00
	14	12147	8.06	146857	97.39
	13	24381	16.17	134710	89.33
	12	30193	20.02	110329	73.16
國	11	24347	16.15	80136	53.14
	10	19263	12.77	55789	37.00
	9	12416	8.23	36526	24.22
	8	7639	5.07	24110	15.99
	7	5931	3.93	16471	10.92
	6	4309	2.86	10540	6.99
	5	2876	1.91	6231	4.13
文	4	1784	1.18	3355	2.22
	3	1083	0.72	1571	1.04
	2	447	0.30	488	0.32
	1	39	0.03	41	0.03
	0	2	0.00	2	0.00
	15	4928	3.28	150360	100.00
	14	8956	5.96	145432	96.72
	13	10212	6.79	136476	90.77
	12	11814	7.86	126264	83.97
英	11	11008	7.32	114450	76.12
	10	12320	8.19	103442	68.80
	9	11752	7.82	91122	60.60
	8	12972	8.63	79370	52.79
	7	12507	8.32	66398	44.16
	6	14039	9.34	53891	35.84
	5	12857	8.55	39852	26.50
文	4	14570	9.69	26995	17.95
	3	10336	6.87	12425	8.26
	2	2036	1.35	2089	1.39
	1	48	0.03	53	0.04
	0	5	0.00	5	0.00

	級分	人　數	百 分 比（%）	累計人數	累計百分比（%）
數	15	1865	1.24	150681	100.00
	14	2919	1.94	148816	98.76
	13	2717	1.80	145897	96.83
	12	5581	3.70	143180	95.02
	11	4870	3.23	137599	91.32
	10	9751	6.47	132729	88.09
	9	8464	5.62	122978	81.61
	8	16094	10.68	114514	76.00
	7	12910	8.57	98420	65.32
	6	21771	14.45	85510	56.75
	5	14960	9.93	63739	42.30
學	4	20645	13.70	48779	32.37
	3	11532	7.65	28134	18.67
	2	12351	8.20	16602	11.02
	1	3558	2.36	4251	2.82
	0	693	0.46	693	0.46
社	15	3090	2.05	150670	100.00
	14	8710	5.78	147580	97.95
	13	16607	11.02	138870	92.17
	12	17238	11.44	122263	81.15
	11	26483	17.58	105025	69.71
	10	25551	16.96	78542	52.13
	9	16053	10.65	52991	35.17
	8	16161	10.73	36938	24.52
	7	11742	7.79	20777	13.79
	6	5554	3.69	9035	6.00
	5	2987	1.98	3481	2.31
會	4	449	0.30	494	0.33
	3	31	0.02	45	0.03
	2	8	0.01	14	0.01
	1	1	0.00	6	0.00
	0	5	0.00	5	0.00

	級分	人　　數	百　分　比 (%)	累計人數	累計百分比 (%)
	15	4187	2.79	150302	100.00
	14	6046	4.02	146115	97.21
	13	8653	5.76	140069	93.19
	12	11612	7.73	131416	87.43
自	11	14253	9.48	119804	79.71
	10	16852	11.21	105551	70.23
	9	18557	12.35	88699	59.01
	8	18698	12.44	70142	46.67
	7	17198	11.44	51444	34.23
	6	14454	9.62	34246	22.78
	5	11749	7.82	19792	13.17
然	4	6468	4.30	8043	5.35
	3	1461	0.97	1575	1.05
	2	100	0.07	114	0.08
	1	6	0.00	14	0.01
	0	8	0.01	8	0.01

【劉毅老師的話】

　　我們出版歷屆的學測或指考試題詳解時，都會附上許多相關統計表格。不要小看這些表格，它們能讓你了解競爭者的實力，好勉勵自己要精益求精。

九十六學年度學科能力測驗
總級分人數百分比累計表（違規處理前）

總級分	人數	百分比	累計人數	累計百分比
75	68	0.05	150924	100.00
74	180	0.12	150856	99.95
73	283	0.19	150676	99.84
72	503	0.33	150393	99.65
71	561	0.37	149890	99.31
70	725	0.48	149329	98.94
69	797	0.53	148604	98.46
68	946	0.63	147807	97.93
67	1129	0.75	146861	97.31
66	1280	0.85	145732	96.56
65	1434	0.95	144452	95.71
64	1640	1.09	143018	94.76
63	1818	1.20	141378	93.67
62	1954	1.29	139560	92.47
61	2141	1.42	137606	91.18
60	2419	1.60	135465	89.76
59	2724	1.80	133046	88.15
58	3023	2.00	130322	86.35
57	3217	2.13	127299	84.35
56	3451	2.29	124082	82.21
55	3559	2.36	120631	79.93
54	3849	2.55	117072	77.57
53	4026	2.67	113223	75.02
52	4302	2.85	109197	72.35
51	4396	2.91	104895	69.50
50	4528	3.00	100499	66.59
49	4597	3.05	95971	63.59
48	4740	3.14	91374	60.54
47	4809	3.19	86634	57.40
46	4855	3.22	81825	54.22
45	4900	3.25	76970	51.00
44	4853	3.22	72070	47.75
43	4657	3.09	67217	44.54
42	4602	3.05	62560	41.45
41	4291	2.84	57958	38.40
40	4043	2.68	53667	35.56

總級分	人數	百分比	累計人數	累計百分比
39	3976	2.63	49624	32.88
38	3672	2.43	45648	30.25
37	3406	2.26	41976	27.81
36	3260	2.16	38570	25.56
35	3042	2.02	35310	23.40
34	2750	1.82	32268	21.38
33	2472	1.64	29518	19.56
32	2482	1.64	27046	17.92
31	2300	1.52	24564	16.28
30	2157	1.43	22264	14.75
29	2128	1.41	20107	13.32
28	2097	1.39	17979	11.91
27	1998	1.32	15882	10.52
26	1991	1.32	13884	9.20
25	1882	1.25	11893	7.88
24	1769	1.17	10011	6.63
23	1706	1.13	8242	5.46
22	1450	0.96	6536	4.33
21	1307	0.87	5086	3.37
20	1087	0.72	3779	2.50
19	863	0.57	2692	1.78
18	632	0.42	1829	1.21
17	405	0.27	1197	0.79
16	235	0.16	792	0.52
15	142	0.09	557	0.37
14	77	0.05	415	0.27
13	65	0.04	338	0.22
12	36	0.02	273	0.18
11	33	0.02	237	0.16
10	40	0.03	204	0.14
9	25	0.02	164	0.11
8	31	0.02	139	0.09
7	20	0.01	108	0.07
6	30	0.02	88	0.06
5	16	0.01	58	0.04
4	14	0.01	42	0.03
3	13	0.01	28	0.02
2	10	0.01	15	0.01
1	3	0.00	5	0.00
0	2	0.00	2	0.00

註：累計百分比＝從 0 到該級分的累計人數／（報名人數 - 五科均缺考人數）

九十六學年度學科能力測驗
原始分數與級分對照表

科目	國文	英文	數學	社會	自然
級距	5.86	6.25	6.27	7.31	7.97
級分	分　數　區　間				
0	0.00 - 0.00	0.00 - 0.00	0.00 - 0.00	0.00 - 0.00	0.00 - 0.00
1	0.01 - 5.86	0.01 - 6.25	0.01 - 6.27	0.01 - 7.31	0.01 - 7.97
2	5.87 - 11.72	6.26 - 12.50	6.28 - 12.54	7.32 - 14.62	7.98 - 15.94
3	11.73 - 17.58	12.51 - 18.75	12.55 - 18.81	14.63 - 21.93	15.95 - 23.91
4	17.59 - 23.44	18.76 - 25.00	18.82 - 25.08	21.94 - 29.24	23.92 - 31.88
5	23.45 - 29.30	25.01 - 31.25	25.09 - 31.35	29.25 - 36.55	31.89 - 39.85
6	29.31 - 35.16	31.26 - 37.50	31.36 - 37.62	36.56 - 43.86	39.86 - 47.82
7	35.17 - 41.02	37.51 - 43.75	37.63 - 43.89	43.87 - 51.17	47.83 - 55.79
8	41.03 - 46.88	43.76 - 50.00	43.90 - 50.16	51.18 - 58.48	55.80 - 63.76
9	46.89 - 52.74	50.01 - 56.25	50.17 - 56.43	58.49 - 65.79	63.77 - 71.73
10	52.75 - 58.60	56.26 - 62.50	56.44 - 62.70	65.80 - 73.10	71.74 - 79.70
11	58.61 - 64.46	62.51 - 68.75	62.71 - 68.97	73.11 - 80.41	79.71 - 87.67
12	64.47 - 70.32	68.76 - 75.00	68.98 - 75.24	80.42 - 87.72	87.68 - 95.64
13	70.33 - 76.18	75.01 - 81.25	75.25 - 81.51	87.73 - 95.03	95.65 - 103.61
14	76.19 - 82.04	81.26 - 87.50	81.52 - 87.78	95.04 - 102.34	103.62 - 111.58
15	82.05 - 108.00	87.51 - 100.00	87.79 - 100.00	102.35 - 132.00	111.59 - 128.00

級分計算方式如下：

1. 級距：以各科到考考生，計算其原始得分前百分之一考生（取整數，小數無條件進位）的平均原始得分，再除以15，並取至小數第二位，第三位四捨五入。

2. 本測驗之成績採級分制，原始得分0分為0級分，最高為15級分，缺考以0級分計。各級分與原始得分、級距之計算方式詳見簡章第10頁。

全國最完整的文法書 ☆☆☆
文法寶典
▶ 劉 毅 編著

這是一套想學好英文的人必備的工具書,作者積多年豐富的教學經驗,針對大家所不了解和最容易犯錯的地方,編寫成一套完整的文法書。

本書編排方式與眾不同,首先給讀者整體的概念,再詳述文法中的細節部分,內容十分完整。文法說明以圖表爲中心,一目了然,並且務求深入淺出。無論您在考試中或其他書中所遇到的任何不了解的問題,或是您感到最煩惱的文法問題,查閱**文法寶典**均可迎刃而解。例如:哪些副詞可修飾名詞或代名詞?(P.228);什麼是介副詞?(P.543);那些名詞可以當副詞用?(P.100);倒裝句(P.629)、省略句(P.644)等特殊構句,爲什麼倒裝?爲什麼省略?原來的句子是什麼樣子?在**文法寶典**裏都有詳盡的說明。

例如,有人學了**觀念錯誤的**「假設法現在式」的公式,

> If + 現在式動詞……,主詞 + shall(will, may, can)+ 原形動詞

只會造:If it rains, I will stay at home.

而不敢造:If you *are* right, I *am* wrong.

   If I *said* that, I *was* mistaken.

   (If 子句不一定用在假設法,也可表示條件子句的直說法。)

可見如果學文法不求徹底了解,反而成爲學習英文的絆腳石,對於這些易出錯的地方,我們都特別加以說明(詳見 P.356)。

文法寶典每冊均附有練習,只要讀完本書、做完練習,您必定信心十足,大幅提高對英文的興趣與實力。

◉ **全套五冊,售價*900*元。**市面不售,請直接向本公司購買。

心得筆記欄 ......✎

劉毅英文「*96年學科能力測驗*」15級分名單

姓　名	就讀學校	班級	姓　名	就讀學校	班級	姓　名	就讀學校	班級
吳宜瑾	北一女中	三書	劉長霖	成功高中	312	陳思妏	中崙高中	303
江承翰	建國中學	325	白芮聞	西松高中	三忠	盧膺仁	建國中學	330
周逸璇	重考生	重考生	阮偉寧	中正高中	306	周庭安	松山高中	301
呂孟銓	重考生	重考生	徐偲芸	景美女中	三忠	王紅卜	新莊高中	317
陳聖元	重考生	重考生	洪乙萱	松山高中	306	鄭欣怡	松山高中	304
吳翰軒	師大附中	1093	徐詩雯	北一女中	三讓	張喬閔	北一女中	三和
吳彥蓁	重考生	重考生	黃詩涵	北一女中	三御	劉曼翔	北一女中	三毅
戴仲文	建國中學	327	黃子安	師大附中	1120	陳勁溪	師大附中	1119
徐文梵	大同高中	308	陳彥同	建國中學	306	劉建貞	東山高中	三平
林倩如	重考生	重考生	張毓珊	中山女中	三智	蕭世德	中崙高中	303
劉南逸	建國中學	314	李愷忻	北一女中	三良	黃　深	成功高中	302
吳嘉蓉	基隆女中	301	魯怡群	北一女中	三儉	陳家蓁	松山高中	303
劉易鑫	重考生	重考生	吳佳諳	北一女中	三數	周采臨	板橋高中	320
崔聖如	北一女中	三書	黃胤凱	建國中學	317	趙佩芸	中山女中	三忠
李昕珉	重考生	重考生	金聖杰	建國中學	327	蘇尹銓	師大附中	1110
溫人毅	重考生	重考生	曾廷恩	建國中學	322	白振鴻	師大附中	1120
潘采蝶	景美女中	三儉	林易徵	師大附中	1112	陳思樺	中山女中	三勤
周昱昇	建國中學	301	黃士庭	建國中學	301	林倩如	中山女中	三誠
吳駿偉	師大附中	1110	張仰德	建國中學	323	王建衡	成功高中	306
鍾安妮	北一女中	三儉	林筠需	延平高中	312	薛家琪	景美女中	三樂
顏悅涵	景美女中	三恭	簡　婕	北一女中	三孝	陳鼎元	建國中學	309
羅聖皓	建國中學	316	陳婕妤	師大附中	1107	陳蓓婷	師大附中	1102
宋好喬	大同高中	301	陸虹亦	北一女中	三良	陳廷宇	成功高中	304
彭文彥	成功高中	305	陳玥儒	中山女中	三信	洪志寧	板橋高中	309
徐子淳	基隆女中	318	鍾承均	北一女中	三愛	郭彥均	師大附中	1117
林孜容	中山女中	三博	王麗婷	中山女中	三博	李後凱	中崙高中	610
史懷萱	中崙高中	610	陳亭汝	北一女中	三樂	陳靜好	中山女中	三廉
莊昀臻	師大附中	1102	尤耀群	成功高中	304	林于舜	建國中學	324
黃郁喬	北一女中	三忠	曾怡仁	師大附中	1116	石至舜	大直高中	301
黃于珊	中崙高中	605	陳奕男	建國中學	316	鄭宇翔	和平高中	301
張靜方	延平高中	313	林怡廷	板橋高中	311	張瑞安	成功高中	317
李昕穎	延平高中	301	蕭翔文	成功高中	301	林安雅	北一女中	三仁
何　牧	師大附中	1114	周柏融	成功高中	301	陳聖文	建國中學	306
張祐寧	建國中學	324	曾彥勛	成功高中	308	林亭均	松山高中	319
廖姿雯	中山女中	三群	李育珊	延平高中	313	張元耀	師大附中	1110
施姵甫	北一女中	三御	林宇柔	大同高中	304	施玫瑄	北一女中	三良
王韓澄	中正高中	324	吳詩怡	中山女中	三智	謝峻安	成功高中	324
張舒棻	景美女中	三勇	張雅婷	中山女中	三信	吳宜瑾	北一女中	三和
張祐瑄	北一女中	三平	康書語	建國中學	318	游翊宏	松山高中	301
簡彤凌	板橋高中	320	陳崧萍	北一女中	三毅	周俐瑩	基隆女中	301
高瀚智	中和高中	309	楊子平	中崙高中	607	鄭　卉	基隆女中	301
丁柏元	建國中學	327	黃柏寧	成功高中	304	周采儀	北一女中	三書
林依靚	中山女中	三智	曾宣慈	景美女中	三愛	黃盈慈	延平高中	31
黃沛甄	南湖高中	301	鄭惠恆	師大附中	1108	楊聲遠	延平高中	30
張嘉心	永春高中	301	蘇郁潔	北一女中	三公	葉冠廷	北一女中	三
蔡孟辰	建國中學	321	李敏慈	北一女中	三善	張芳慈	松山高中	30
賴怡辰	北一女中	三毅	賴怡安	新莊高中	305	呂博娣	景美女中	三
林郁璇	中山女中	三智	林佑珊	北一女中	三樂	汪怡彤	中山女中	三
黃冠中	建國中學	321	黃潤誼	中山女中	三勤	黃品馨	中山女中	三
李盈萱	北一女中	三恭	陳穎萱	中山女中	三平	李崇輔	延平高中	31

姓 名	就讀學校	班級	姓 名	就讀學校	班級	姓 名	就讀學校	班級
張文碩	延平高中	314	李致誼	北一女中	三毅	徐秉君	中山女中	三忠
李宛臻	中山女中	三博	徐國鈞	成功高中	323	謝佩涓	中山女中	三公
李 亭	聖心女中	三忠	林子敬	內湖高中	303	陳冠樺	北一女中	三真
游怡屏	北一女中	三御	徐慧中	師大附中	1106	曾慧玟	新莊高中	309
林彥妤	中山女中	三敏	陳德鄭	延平高中	312	黃于嘉	中山女中	三業
張凱傑	格致高中	三信	俞奕安	中和高中	315	陳赴瑞	重考生	重考生
陳怡安	北一女中	三射	劉冠廷	松山高中	316	葉晉愷	師大附中	1120
林家瑜	延平高中	312	黃則斌	師大附中	1115	陳映璇	北一女中	三良
廖怡雁	松山高中	316	于恩韻	北一女中	三公	楊乙真	北一女中	三溫
謝千玉	中山女中	三孝	張雅涵	景美女中	三樂	沈子云	師大附中	1111
吳承翰	成功高中	303	吳宛蓉	延平高中	312	陳則安	內湖高中	310
蕭如榆	中正高中	316	吳昭遠	建國中學	307	劉芷瑜	北一女中	三愛
尹芳渝	內湖高中	312	洪貞敬	北一女中	三良	齊奕榮	成功高中	319
廖藝玲	基隆女中	301	劉又寧	師大附中	1106	齊奕睿	成功高中	307
陸其容	北一女中	三愛	劉凱雯	景美女中	三仁	朱宸志	建國中學	330
楊雅芸	新店高中	317	白 哲	建國中學	315	楊善涵	重考生	重考生
林玉婷	松山高中	302	陳青青	內湖高中	309	龔洺弘	師大附中	1120
楊菁華	松山高中	304	李建緯	建國中學	325	許維元	建國中學	330
鄭又華	成功高中	321	沈姿好	基隆女中	301	曾天縱	師大附中	1116
黃庭芳	松山高中	304	李世杰	薇閣高中	三甲	莊雅軒	重考生	重考生
林彧如	新莊高中	308	曾子維	延平高中	313	王維英	松山高中	306
謝伊妮	北一女中	三御	謝宜蓁	板橋高中	311	謝宜蕙	北一女中	三真
陳鍇睿	延平高中	310	施奐因	師大附中	1106	顏郁城	永平高中	606
林思嫻	大同高中	304	張家福	建國中學	306	林暘壹	大同高中	309
潘羿明	建國中學	313	鄧 婷	北一女中	三毅	賴博政	進修生	進修生
劉俊賢	成功高中	301	鄧乃鳳	北一女中	三平	黃靖萱	海山高中	602
王長安	師大附中	1108	洪嘉璟	北一女中	三恭	何佩濡	北一女中	三義
柯仔庭	中山女中	三平	林家安	建國中學	330	李如浩	建國中學	316
施宇政	建國中學	301	陳冠羽	中山女中	三和	蒙英奇	建國中學	305
蔡宇若	建國中學	301	黃淑妍	延平高中	313	林昀嫈	北一女中	三讓
郭銘茳	建國中學	328	施藹庭	北一女中	三信	陳 昕	內湖高中	314
黃麗安	中崙高中	606	吳昭志	重考生	重考生	呂冠穎	建國中學	320
吳安琪	中山女中	三簡	張美眉	中山女中	三博	鄭翔元	建國中學	316
莊婉君	景美女中	三樂	張伊瑾	中山女中	三傅	陳佳涵	重考生	重考生
曲元寧	景美女中	三樂	游安妮	金陵女中	333	董卓璘	松山高中	304
林峻宏	延平高中	314	蔡欣頤	北一女中	三毅	黃致綺	北一女中	三孝
施宇倫	新店高中	312	郭冠志	建國中學	307	蕭宇伯	重考生	重考生
陳廷瑀	中山女中	三智	蔡宇晨	大同高中	303	李易霖	建國中學	313
彭拓容	中山女中	三義	葉承鑫	建國中學	320	王 敏	北一女中	三射
吳詩妮	延平高中	313	張勝涵	建國中學	302	何 揚	建國中學	306
鄭芳渝	北一女中	三良	黃耀緯	建國中學	327	楊晏慈	北一女中	三真
陳柏誠	建國中學	329	王煒彤	大同高中	304	張茹涵	北一女中	三信
吳曼竹	景美女中	三樂	陳琦超	板橋高中	301	林于婷	中山女中	三誠
林家瑋	板橋高中	311	王柏詒	重考生	重考生	周琦芮	中山女中	三誠
張愷呼	景美女中	三讓	王盈鈞	金陵女中	332	王鏡嘉	建國中學	316
黃瑋德	延平高中	314	李宜罪	北一女中	三溫	林宛瑩	東山高中	三忠
鄭涵文	中山女中	三智	曾令華	中山女中	三信	劉政亨	薇閣高中	三乙
長曜涵	建國中學	305	湯斯筑	景美女中	三讓	李泓頤	東山高中	三仁
李怡德	中崙高中	603	邱騰箴	北一女中	三和	林依蓉	北一女中	三和
易子緯	成淵高中	310	王律文	成功高中	306	張耘嘉	薇閣高中	三乙
葉士豪	建國中學	313	陳以恩	北一女中	三數	陳詩涵	延平高中	312
長珈維	北一女中	三義	林依雯	北一女中	三真	杜宗翰	重考生	重考生

劉毅英文家教班成績優異同學獎學金排行榜

姓名	學校	班級	總金額
林聖雄	建國中學	322	142000
李亭逸	中山女中	二勤	118200
陳冠華	成功高中	205	115600
張富傑	建國中學	325	103100
余士元	南山高中	358	100600
賴宣佑	竹林國小	六丁	91900
許誌珍	北一女中	二勤	85900
黃詮當	育成高中	216	76600
鄭瑜萱	師大附中	1132	76600
鄭暐達	成功高中	310	76200
張偉志	建國中學	324	75800
陳齊	北一女中	一誠	75000
林嬿	師大附中	1165	69700
蘇雅婷	北一女中	三數	67000
吳則霖	建國中學	325	65100
黃柏鈞	師大附中	1166	64400
李宛霖	中山女中	一簡	62900
林欣儀	中山女中	二仁	62700
林瑞怡	大直高中	203	61300
黃詩穎	北一女中	一良	60500
蕭丞晏	建國中學	108	60300
柯明佑	建國中學	329	59800
劉泓緯	成功高中	307	59500
林禹伸	成功高中	301	59300
曹文萱	北一女中	三樂	58400
詹佳瑋	北一女中	三讓	57100
李穆先	北一女中	三儉	56700
孫語霙	師大附中	1160	56200
蘇玨霖	建國中學	218	55900
陳麒中	建國中學	109	55100
留逸珊	北商學院	會四甲	54100
紀又豪	陽明高中	302	54000
章品萱	北一女中	二良	53600
李若怡	北一女中	三和	52500
金寧煊	建國中學	214	52100
林芳瑾	北一女中	二恭	52000
張雅甄	北一女中	二勤	52000
李睿強	永平高中	506	50900
徐偉傑	建國中學	115	50800
莫斯宇	建國中學	108	50700
陳禹志	建國中學	229	50500
王顥銓	建國中學	125	50100
蔡書旻	格致高中	一孝	49600
蔡佳珉	北一女中	二真	48900
林聖凰	北一女中	二真	48100
楊宗燁	建國中學	126	48000
李偉愷	建國中學	221	46200
鍾頎	北一女中	二讓	46000
江勁緯	大直高中	104	45500
鄭雅雙	中正高中	321	45000
張博勝	成功高中	313	44200
王斌銓	中正高中	316	44000
曹家豪	和平高中	214	43700
桑孟軒	板橋高中	115	43400
蔡佳臻	北一女中	三義	43400
侯進坤	建國中學	202	42900
李冠瑩	北一女中	一禮	42800
張雄雄	板橋高中	219	42800
陳薏如	北一女中	三真	42700
宋瑞祥	建國中學	220	42600
魏立宇	建國中學	221	41800
曾尹澍	師大附中	1195	41200
梁中明	建國中學	304	41200
林唯中	師大附中	1188	41100
徐偉傑	新莊高中	107	40900
陳彥華	景美女中	一勇	40400
王劭予	建國中學	130	40250
蘇郁雯	中山女中	二仁	40000
黃孺雅	北一女中	二讓	39700
劉育豪	成功高中	209	39000
王姿雅	中山女中	一廉	38200
張家偉	師大附中	1194	38100
孫仕霖	北一女中	三莊	37700
湯和益	南港高工	三愛	37700
張智陞	大同高中	207	37500
陳以健	建國中學	305	37500
吳育綺	松山高中	118	37200
許申樺	建國中學	204	37200
董怡萱	中山女中	一樂	37100
劉書妤	師大附中	1127	36900
林承翰	建國中學	323	36800
陳孟宏	板橋高中	313	36700
王題婷	中山女中	三博	36700
葉平萱	北一女中	三恭	36600
黃立揚	成功高中	216	36500
王楚渝	建國中學	311	36500
武肇中	師大附中	1177	36400
王楚菘	松山高中	101	36300
林記賢	建國中學	213	36000
林健安	大同高中	307	35700
蘇容萱	北一女中	一孝	35100
黃庭翊	大同高中	305	35000
王安佳	建國中學	122	34300
蔡甯安	中山女中	一廉	34000
易亞琪	北一女中	三義	34000
袁國智	大同高中	208	33900
陳緯倫	格致國中部	308	33700
吳介中	中正高中	301	33600
李元甫	建國中學	102	33500
李泓毅	中和高中	214	33400
楊于萱	北一女中	二毅	33300
王公勻	永平高中	405	32700
許願今	北一女中	一數	32600
陳泰安	建國中學	214	32500
施驊瑋	松山高中	114	32250
鄭婷云	師大附中	1192	32100
古昂可	北一女中	二樂	32100
郭玶華	北一女中	一禮	31900
余冠霖	中正高中	102	31500
謝畢宇	景美女中	一忠	31400
鄧妍姍	陽明高中	207	31300
章雁婷	北一女中	二平	31300
王俊硯	建國中學	223	30900
周冠彣	板橋高中	209	3080
吳承懋	建國中學	229	3060
林宥璇	和平高中	305	3050
邱施惠	私立大同	三忠	305
彭郁婷	光仁高中	三信	304
陳宛愉	南湖高中	106	301
陳志愷	成功高中	109	301
洪珮瓊	中山女中	一孝	301
林佳慶	中正高中	218	301
徐仲為	建國中學	111	300
許智鈞	師大附中	1151	29
洪會洋	建國中學	227	29
陳欣	政大附中	102	29
王公喬	延平高中	104	29
鄭皓方	北一女中	三恭	29
洪振家	建國中學	230	29
胡哲輔	新莊高中	113	29
林一先	師大附中	1155	29
曾于倢	景美女中	二仁	29
翁御哲	大同高中	110	29
顏子軒	延平高中	202	2
黃苡寧	永春高中	216	2
陳亭蓁	北一女中	三公	2
趙芷渟	中山女中	三群	2
邱柏盛	新莊高中	304	2
黃奕勳	大同高中	313	2
陳威宏	大同高中	106	2
李思佳	北一女中	二和	2
曾煜尊	國立三重	317	
陳柏光	成功高中	222	
何宇泱	成功高中	322	
駱冠廷	板橋高中	104	
林育勳	松山高中	119	
吳家安	東山高中	二愛	

姓名	學校	班級	總金額	姓名	學校	班級	總金額	姓名	學校	班級	總金額
林瀚軒	西松高中	一誠	27600	吳周駿	延平高中	203	24000	方思閔	師大附中	1127	21700
蔡欣穎	北一女中	三數	27600	蘇俊瑋	松山高中	214	24000	莊銘凱	錦和高中	504	21700
胡芝嘉	北一女中	一仁	27500	張宇任	建國中學	223	24000	謝明仁	大同高中	一孝	21600
徐億恩	新莊高中	204	27500	謝昀浩	師大附中	1151	24000	張瀞云	北一女中	一義	21600
張嘉琪	和平高中	305	27500	李筠平	北一女中	三信	24000	連庭寬	建國中學	317	21600
利采穎	北一女中	一仁	27300	張喬復	中正高中	116	23900	翁梓華	建國中學	328	21600
林孟潔	中山女中	三公	27300	簡家豪	師大附中	1152	23900	張晢昀	景美女中	三平	21600
杜佳勳	景美女中	一智	27100	高佳瑀	復興高中	317	23800	謝英蔚	成功高中	104	21500
蔡躍齊	大同高中	102	26700	賴威仁	大同高中	308	23700	葉峻石	成功高中	202	21500
林佑蒼	建國中學	126	26700	謝松育	成功高中	321	23600	龔國安	師大附中	1173	21500
長博勝	師大附中	1141	26700	陳思裕	師大附中	1142	23600	張家甄	中和高中	117	21400
英澤	成功高中	303	26600	王鈞緯	師大附中	1147	23600	高瑄	育成高中	308	21300
珈好	北一女中	一樂	26500	謝畢帆	板橋高中	304	23500	袁碩君	文德女中	三愛	21300
竹容	北一女中	二勤	26300	劉威廷	建國中學	213	23400	鄭旭高	成功高中	301	21200
善加	建國中學	306	26200	王捷	建國中學	229	23400	江秉儒	師大附中	1164	21100
子皓	幸安國小	603	26200	張雅筑	中山女中	三孝	23300	王睿瑜	國立三重	206	21100
若函	武陵高中	218	26100	陳彥霖	中山女中	二廉	23200	高曼翔	中山女中	二忠	21100
育丞	大直高中	206	26000	黃閔琛	建國中學	226	23100	徐瑋宏	成功高中	308	21000
韋諭	北一女中	三勤	26000	游秉憲	師大附中	1187	23000	李政翰	松山高中	312	21000
婉頤	北一女中	一讓	25900	邱韋豪	華僑高中	一義	23000	王建程	建國中學	120	20900
家綺	格致高中	三忠	25800	張世婷	南湖高中	305	22900	劉國慧	景美女中	二信	20900
芷琳	永平高中	404	25700	蕭恆昇	中正高中	314	22900	李岳勳	成功高中	303	20900
智瑄	北一女中	三仁	25600	賴英慈	北一女中	二眞	22800	陳青好	永春高中	114	20800
詩婷	中山女中	二慧	25500	張家華	板橋高中	306	22800	田顏禎	建國中學	210	20800
珪顥	成功高中	117	25400	張廷維	華江高中	104	22700	陳琬欣	三民高中	203	20700
玉玲	文德女中	三忠	25400	謝宗揚	師大附中	1146	22700	何冠廷	建國中學	229	20700
昜展	光仁高中	一孝	25300	胡郁璞	北一女中	二愛	22700	孫沛瑜	景美女中	二誠	20600
喬涵	陽明高中	202	25300	陳靜宜	景美女中	三眞	22600	黃敬傑	師大附中	1151	20600
衡	建國中學	211	25300	許家弘	成功高中	920	22600	陳虹君	內湖高中	112	20500
國	建國中學	305	25200	戴伯丞	建國中學	101	22300	陳翊安	建國中學	208	20500
峰	建國中學	317	25200	賴玫秀	北一女中	二眞	22300	蔡怡光	樹林高中	212	20500
鈺	大同高中	303	25100	陳昱陵	景美女中	二善	22300	林郁馨	景美女中	二樂	20500
云	松山高中	105	25000	歐宜欣	中山女中	二禮	22300	王臣康	板橋高中	316	20500
修	明倫高中	108	25000	黃珮瑜	景美女中	二溫	22200	鄭郁蓁	南湖高中	312	20400
瑄	北一女中	二誠	25000	沈哲宇	華江高中	311	22200	李奕	麗山高中	307	20350
臻	陽明高中	306	25000	洪唯勝	成功高中	110	22100	古佳釜	和平高中	104	20300
瑄	大同高中	101	24900	江志浩	徐匯高中	一和	22100	陳昱陸	延平高中	204	20300
鈞	成功高中	304	24700	林彥儒	建國中學	101	22000	楊智涵	北一女中	三孝	20300
生	建國中學	226	24600	謝喬安	北一女中	一誠	22000	施柔臣	北一女中	二恭	20200
雯	北一女中	二孝	24500	陳韻竹	北一女中	一禮	21900	詹景東	師大附中	1137	20200
叡	中山女中	二博	24500	黃晉宏	成功高中	311	21900	胡錚宜	清水高中	401	20200
華	大同高中	107	24400	李擎	永春高中	211	21800	張恩庭	建國中學	213	20100
毛	松山高中	112	24400	李宗原	成功高中	304	21800	張庭慈	北一女中	二樂	20100
	北一女中	二和	24300	鄭哲偉	松山高中	316	21800	蔡佩宸	成功高中	109	20000
	北一女中	二和	24200	彭琬婷	馬偕醫護	應外系1	21800	柯怡婷	華僑高中	三學	20000
	基隆女中	108	24100	洪緗媛	延平高中	305	21700				
	大直高中	104	24000	陳陽	成功高中	323	21700				

※ 因版面有限，尚有許多領取高額獎金的
同學無法列出，歡迎同學到班查詢。

96 年學科能力測驗各科試題詳解

主　　　編 / 劉　毅

發　行　所 / 學習出版有限公司　　☎ (02) 2704-5525

郵 撥 帳 號 / 0512727-2 學習出版社帳戶

登　記　證 / 局版台業 2179 號

印　刷　所 / 裕強彩色印刷有限公司

台 北 門 市 / 台北市許昌街 10 號 2 F　　☎ (02) 2331-4060・2331-9209

台灣總經銷 / 紅螞蟻圖書有限公司　　☎ (02) 2795-3656

美國總經銷 / Evergreen Book Store　　☎ (818) 2813622

本公司網址　www.learnbook.com.tw

電 子 郵 件　learnbook@learnbook.com.tw

售價：新台幣二百二十元正

2008 年 5 月 1 日新修訂

ISBN 978-957-519-902-9